LA

BARONNIE DU FAOUËT

PAR

la Comtesse DU LAZ.

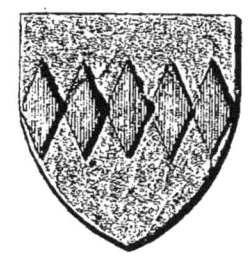

VANNES

IMPRIMERIE GALLES, RUE DE L'HÔTEL-DE-VILLE.

—

1892

BARONNIE DU FAOUET

LA

BARONNIE DU FAOUËT

PAR

la Comtesse DU LAZ.

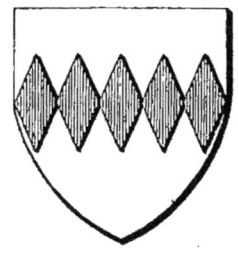

VANNES

IMPRIMERIE GALLES, RUE DE L'HÔTEL-DE-VILLE.

—

1892

LA

BARONNIE DU FAOUËT.

AVANT-PROPOS.

Raviver le souvenir de cette grande maison DE BOUTEVILLE, éteinte depuis trois siècles, et trop oubliée, tel est le but que je voulais atteindre en rassemblant ces notes sur la *Baronnie du Faouët*.

Tout ce qui nous reste de monuments du passé, dans cette contrée, nous les devons aux BOUTEVILLE ; cette noble race me semble avoir particulièrement aimé l'art et le beau. Ils se sont montrés aussi grands et pieux chrétiens que vaillants chevaliers.

L'histoire nous les montre toujours aux premiers postes, parmi les Barons et les Bannerets, aux États comme à la cour des Ducs.

A tous les titres donc, leur nom doit être cher à cette région, et connu de ceux qui visiteront *Sainte-Barbe, Saint-Fiacre*, et diverses autres églises et chapelles qui les ont eus pour fondateurs.

Sans le secours de M. le baron DE ROSMORDUC, je désespérais de former la généalogie DE BOUTEVILLE d'une manière sûre et complète, persuadée qu'aucun ancien auteur ne l'avait laissée ; mais le grand généalogiste breton, du dix-septième siècle, GUY AUTRET, seigneur de Missirien, l'avait faite, et c'est sur son manuscrit même qu'elle a été prise textuellement par celui qui a bien voulu me la découvrir ; je devrai donc à M. de Rosmorduc tout ce que mon œuvre sur la *Baronnie du Faouët* renferme de plus important et de plus précieux à transmettre aux générations futures. (1)

---

(1) L'auteur avait, en outre, un intérêt tout particulier à redire ce qui concerne les Bouteville, sa descendance d'eux étant établie ainsi qu'il suit :

1. Yves DE BOUTEVILLE, baron du Faouët, épousa Renée DE CARNÉ, fille de Marc DE CARNÉ, seigneur de Cohignac, Crémeur, et maître d'hôtel héréditaire et amiral de Bretagne, gouverneur de Brest et lieutenant du Roi en Basse-Bretagne, et de Gillette DE ROHAN, dame de Marsein, d'où :

2. Jeanne DE BOUTEVILLE, dame du Faouët, du Saint, Kerjan, etc., vicomtesse DE COETQUÉNAN, etc., épousa Claude DE GOULAINE, chevalier de l'ordre du Roy, gentilhomme ordinaire de sa chambre, etc., d'où (entre autres) :

3. Mauricette DE GOULAINE, qui épousa messire Vincent DE PLŒUC, marquis du Tymeur, d'où (entre autres) :

4. Marie DE PLŒUC, qui épousa, le 8 juillet 1613, messire Jean LE BORGNE, seigneur de Lesquiffiou, chevalier de l'ordre du Roi, d'où :

5. Vincent LE BORGNE, seigneur de Lesquiffiou, gentilhomme de la chambre du Roi, gouverneur de Dinan en remplacement du seigneur de La Hunaudaye, épousa Marguerite BUDES DU TERTREJOUAN (morte en décembre 1651), d'où :

6. Renée LE BORGNE DE LESQUIFFIOU, mariée en 1res noces à messire Robert DU LOUET, chevalier, seigneur de Coëtjunval, Le Plessix, Kerancoët, Trévalot, châtelain de Kervégant, vicomte de Coëtmenec, gentilhomme ordinaire de la chambre du Roi, et, en secondes noces, à François-Annibal, comte DE BÉTHUNE, chef d'escadre ; du 1er mariage (entre autres) :

7. Thérèse DU LOUET DE COETJUNVAL, qui épousa, en 1697, messire Paul DE ROBIEN, président à mortier au Parlement de Bretagne, mort le 23 juin 1744, d'où (entre autres) :

8. Christophe-Paul DE ROBIEN, baron de Kaër, vicomte de Plaintel, Président à mortier au Parlement de Bretagne, marié en 1728 à Julienne-Françoise-Andrée DE ROBIEN DE KERAMBOURG, d'où (entre autres) :

9. Louis-René-Cyr, vicomte DE ROBIEN, capitaine de vaisseau, épousa, en 1775, Victoire-Aimée LE GONIDEC DE TRAISSAN, d'où (entre autres) :

10. Marie-Armande DE ROBIEN, mariée à Louis-Gabriel-Auguste, comte D'ANDIGNÉ DE MAYNEUF, morte le 30 avril 1808, d'où :

11. Agathe-Louise-Rosalie D'ANDIGNÉ, mariée le 26 juin 1826, à Angers, à Joseph-Emmanuel-Marie, comte DE SAISY, d'où (entre autres) :

12. Marie-Thérèse-Armande-Frédérique DE SAISY, mariée le 6 mai 1856 à Adolphe-René JÉGOU, comte DU LAZ, mort le 22 octobre 1861, au château de Pratulo (Finistère).

I

SITUATION GÉOGRAPHIQUE. — LE FAOUËT AU MOYEN AGE. — BALLADE DE L'ÉPOUSE DU CROISÉ. — RÉCITS DE FROISSART.

La châtellenie du Faouët, baronnie d'ancienneté, était située tout le long de la partie ouest de la vicomté de Gourin dont les seigneurs sortaient de la maison de Poher. Il est hors de doute que les premiers possesseurs du Faouët étaient eux-mêmes des cadets des vicomtes de Gourin.

Pays montagneux et boisé, traversé par des rivières qui filtrent au travers de milliers de rochers de granit, il était borné au nord par la châtellenie de Carhaix et la baronnie de Rostrenen ; à l'ouest, il joignait les territoires de Rohan et de Guémené ; au sud, ceux de la Rochemoisan et de Quimperlé.

Une de ses dépendances, la seigneurie de Kerjan, la prolongeait jusque dans les paroisses de Paule et de Glomel, englobant toute la trève de Trégornan dans la Montagne-Noire. On voit encore à Kerjan l'emplacement et les douves de l'ancien château où, d'après les titres, Yves de Bouteville, baron du Faouët, séjournait en 1547.

Nous savons seulement, sur les premiers seigneurs, que GEOFFROY DU FAOUET était contemporain de SAINT LOUIS ; sa veuve vivait encore en 1273. (D. Morice, Pr. I, 1009.) C'est probablement d'eux qu'il s'agit dans la ballade que nous allons redire ici, comme le seul écho de ce passé lointain.

L'ÉPOUSE DU CROISÉ.

« Pendant que je serai à la guerre, pour laquelle il me faut partir, à qui donnerai-je ma douce amie à garder ? — Emmenez-la chez moi, mon beau-frère, si vous voulez : je la mettrai en chambre avec mes demoiselles ;

Je la mettrai en chambre avec mes demoiselles ou dans la salle d'honneur avec les dames ; on leur préparera leur nourriture dans le même vase ; elles s'asseyeront à la même table.

Peu de temps après, elle était belle à voir la cour du manoir du Faouët toute pleine de gentilshommes, chacun avec une croix rouge sur l'épaule, chacun sur un grand cheval, chacun avec une bannière, venant chercher le seigneur pour aller à la guerre.

Il n'était pas encore bien loin du manoir, que déjà son épouse essuyait plus d'un dur propos : — Jetez là votre robe rouge et prenez-en une blanche, et allez à la lande garder les troupeaux.

— Excusez-moi, mon frère ; qu'ai-je donc fait ? Je n'ai gardé les moutons de ma vie !

— Si vous n'avez gardé les moutons de votre vie, voici ma longue lance qui vous apprendra à les garder.

Pendant sept ans elle ne fit que pleurer ; au bout des sept ans, elle se mit à chanter.

Et un jeune chevalier qui revenait de l'armée ouït une voix douce chantant sur la montagne.

— Halte ! mon petit page ; tiens la bride de mon cheval ; j'entends une voix d'argent chanter sur la montagne ; j'entends une petite voix douce chanter sur la montagne. Il y a aujourd'hui sept ans que je l'entendis pour la dernière fois.

— Bonjour à vous, jeune fille de la montagne ; vous avez bien dîné, que vous chantez si gaiement ?

— Oh ! oui, j'ai bien dîné, grâces en soient rendues à Dieu ! avec un morceau de pain sec que j'ai mangé ici.

— Dites-moi, jeune fille jolie, qui gardez les moutons, dans ce manoir que voilà, pourrai-je être logé ?

— Oh ! oui, sûrement, mon seigneur, vous y trouverez un gîte et une belle écurie pour mettre vos chevaux.

Vous y aurez un bon lit de plume pour vous reposer, comme moi autrefois quand j'avais mon mari ; je ne couchais pas alors dans la crèche parmi les troupeaux ; je ne mangeais pas alors dans l'écuelle du chien.

— Où donc, mon enfant, où est votre mari ? Je vois à votre main votre bague de noces !

— Mon mari, mon seigneur, est allé à l'armée ; il avait de longs cheveux blonds ; blonds comme les vôtres.

— S'il avait de longs cheveux blonds comme moi, regardez bien, ma fille, ne serait-ce point moi ?

— Oui, je suis votre dame, votre amie, votre épouse ; oui, c'est moi qui m'appelle la dame du Faouët.

— Laissez là ces troupeaux, que nous nous rendions au manoir, j'ai hâte d'arriver.

— Bonjour à vous, mon frère, bonheur à vous ; comment va mon épouse, que j'avais laissée ici ?

— Toujours vaillant et beau ! Asseyez-vous, mon frère. Elle est allée à Quimperlé avec les dames ; elle est allée à Quimperlé, où il y a une noce. Quand elle reviendra, vous la trouverez ici.

— Tu mens ! car tu l'as envoyée comme une vile mendiante garder les troupeaux ; tu mens par tes deux yeux ! car elle est derrière la porte, elle est là qui sanglote.

— Va-t'en cacher ta honte ! va-t'en, frère maudit ! Ton cœur est plein de mal et d'infamie ! Si ce n'était ici la maison de ma mère et de mon père, je rougirais mon épée de ton sang (1) ! »

Il est impossible de dire à quelle date les sires du Faouët transmirent aux Bouteville leur châtellenie ; ce ne fut pas longtemps après les Croisades, car elle était possédée par ces derniers à l'époque où commencèrent les guerres de

---

(1) Nous ne donnons que la traduction du texte breton, extraite du Barzaz-Breiz, cet inestimable recueil de chants antiques que doit la Bretagne à M. le vicomte de la Villemarqué, membre de l'Institut.

succession de Blois et de Montfort ; mais Froissart, dont nous allons donner les récits, ne mentionne même pas les Bouteville dans les sièges que soutint le Faouët, ni dans les faits de guerre de ses alentours. Prisonniers ou dépossédés, ils virent leur château et ceux des environs servir de postes militaires, pris et repris pour retourner plus tard entre leurs mains.

II

ATTAQUE, PAR GAUTIER DE MAUNY, DES CHATEAUX DE LA ROCHE-PÉRIOU ET DU FAOUËT. — AVENTURE DE DEUX CHEVALIERS. — PROJETS DE VENGEANCE DE LOUIS D'ESPAGNE. — LEUR DÉLIVRANCE PAR GAUTIER DE MAUNY (1342).

Louis d'Espagne (1) venait d'être entièrement défait au combat de Quimperlé par Gautier de Mauny (2) et Amaury de Clisson (3). Son neveu Alphonse avait péri dans cette journée. Lui-même, échappé avec peine au massacre, s'embarqua sur un vaisseau dont il put se rendre maître et se mit à fuir avec le peu de gens qu'il avait sauvés. Gautier de Mauny le poursuivit quelque temps sans pouvoir l'at-

---

(1) Dom Louis d'Espagne, Louis de la Cerda, petit-fils d'Alphonse X, le Sage, roi d'Espagne, frère du connétable de France Charles d'Espagne, époux de Marguerite, fille de Charles de Blois ; il était, par sa grand'mère, Blanche de France, arrière-petit-fils de Louis IX, le Saint.

(2) Gautier de Mauny appartenait à la Flandre. Il ne faut pas le confondre avec les Mauny de Bretagne, non moins illustres. Celui-ci, dit le baron Kervyn de Lettenhove, dans son annotation de Froissart, sortait de la maison de Hainaut, dont il avait les armes : *d'or à trois chevrons de sable*. Il était fils de Jean de Mauny et de Jeanne de Jenlain. Il fut le type le plus accompli du chevalier, intrépide dans la lutte, généreux après la victoire, témoin ses efforts pour sauver Eustache de Saint-Pierre, à Calais ; jamais vie ne fut mieux remplie, jamais le courage ne fut entouré de plus d'honneurs.
Gautier de Mauny mourut à Londres le 15 janvier 1372. Il avait épousé Marguerite, fille de Thomas d'Angleterre, comte de Norfolk, et, par conséquent, cousine d'Édouard III.

(3) Amaury de Clisson était le propre oncle d'Olivier de Clisson, connétable de France. Après s'être réconcilié en 1344 avec Charles de Blois, il périt, en servant sa cause, au combat de la Roche-Derrien.

teindre. Le lendemain, Mauny remonta sur ses vaisseaux avec ses troupes, pour aller rejoindre à Hennebont la comtesse de Montfort. Une violente tempête leur fit manquer la route et les obligea de relâcher dans un port d'où ils prirent leur chemin par terre.

« Passant à la vue de la Roche-Périou (1) qui estoit sur une hauteur près du Faouët, Mauny eut envie d'aller l'attaquer et fut suivi de tous les chevaliers. Gérard de Maulin qui estoit dedans se défendit avec courage. L'assaut fut vif et périlleux. Jean Le Bouteiller (2) et Mathieu du Fresnoi (3), entre autres, y furent dangereusement blessés par les assiégés, en sorte qu'il fallut les apporter au bas de la montagne et les coucher dans un pré avec quantité d'autres qui estoient dans le mesme état. Gérard de Maulin (4) avoit un frère du nom de René qui estoit capitaine du Faouët.

René n'eut pas plustôt appris le danger où estoit son frère, qu'il partit du Faouët avec quarante hommes d'armes pour venir le secourir. Il trouva dans le pré les chevaliers et les escuiers qu'on y avait mis, et, croyant ne pouvoir rendre de meilleur service à son frère que de les enlever, il les fit tous mener vers le Faouët comme prisonniers de guerre. Quelques-uns s'échappèrent et allèrent apprendre ces fâcheuses nouvelles à Mauny. Faisant aussitôt cesser l'attaque, il courut après René de Maulin ; mais, de quelque diligence qu'il usast, il trouva qu'il estoit rentré dans la place avec tous ses prisonniers. Tout las qu'il estoit, il voulut l'attaquer ; mais tous les efforts furent inutiles, tant à cause de la vigou-

---

(1) Ce château, dont il ne reste nul vestige, était situé en face de celui du Faouët, vers le sud, à moins d'une lieue. Le 26 mai 1377, Jean de Rohan acquit de Jean de Longueval la ville, chastel et chastellenie de la Roche-Périou (D. Morice, Pr. II, 176). Un acte d'hommage de 1575, rendu par Louis de Rohan, mentionne encore « l'aplacement de l'ancienne forteresse de la Roche-Périou. »

(2) Jean Le Bouteiller, chevalier anglais ; son vrai nom est Botler ou Butler ; il arrive en Bretagne avec Gautier de Mauny, assiste au combat de Quimperlé, tombe au pouvoir de René de Malain, etc.

(3) Hubert ou Mathieu du Fresnay envoyé par Édouard III en Bretagne.

(4) Gérard et René de Malain étaient Bourguignons, Froissart le dit. La terre de Malain se trouve dans le département de la Côte-d'Or.

reuse résistance de René, que parce que la nuit estoit venue. Il se logea devant la place, dans le dessein de recommencer l'attaque le jour suivant. Gérard, de son costé, pour rendre la pareille à son frère, monta à cheval la nuit mesme, et fut avant le jour à la place, dont Louis d'Espagne avoit donné le commandement à Portebœuf (1), pour l'informer de ce qui se passait et lui demander un prompt secours. Quand il fit jour, ils firent assembler les habitants dans la halle et leur représentèrent l'état des choses, les priant de secourir le Faouët. Les bourgeois s'armèrent avec la garnison et se mirent en marche.

Mauny, ayant esté averti par un espion, prit le parti de se retirer à Hennebont, dans la crainte d'estre enfermé entre ce secours et l'armée de Charles de Blois, qui attaquait Carhaix, dont le Faouët n'est pas éloigné. Cependant il avoit de la peine à finir de cette sorte une course dont les commencements lui avoient esté si glorieux; c'est pourquoi, passant auprès de Goy la Forest (2), il voulut absolument l'attaquer, tout harassé qu'il estoit, et s'en rendit maitre.

Charles de Blois avait enfin pris Carhaix après plusieurs attaques; et, après y estre demeuré quinze jours pour en faire réparer les fortifications, il alla camper à la Roche-Derrien.

Charles de Blois vint une seconde fois mettre le siège devant Hennebont. Louis d'Espagne, après avoir passé six semaines à Rennes, pour s'y faire guérir des blessures qu'il avait reçues à Kemperlé, se hâta de l'y venir joindre. Charles faisait battre la ville par quinze grandes machines qui jetaient des pierres jusque dans le cœur de la ville. Les assiégés n'en insultaient pas moins aux assiégeants, essuiant les murs aux endroits où les plus grosses pierres avaient porté et criant

---

(1) Portebœuf, Portebuef (Pierre), hardi et bon chevalier. Froissart dit qu'il était provençal. Pierre l'Portebœuf, écuyer, défendit Tournay, en 1340, sous les ordres de Godemar du Fay. Il avait trois écuyers avec lui. (Baron Kerwin de Lettenhove.)

(2) Ce doit être, dit le baron Kerwyn de Lettenhove, le château de la Forêt, situé dans la commune de Languidic, à trois lieues nord-est d'Hennebont. La position de ce château répond exactement aux indications données par Froissart.

aux ennemis : « *Vous n'êtes mie encore assez, allez quérir vos compagnons qui se reposent aux champs de Kemperlé.* » Ces insultes ne faisaient de peine à personne plus qu'à Louis d'Espagne. Outré de dépit, il demanda à Charles de Blois de faire venir Jean Le Bouteiller et du Fresnoi, qui étaient prisonniers au Faouët, ajoutant qu'il voulait leur faire couper la tête à la vue de leurs compagnons de l'expédition de Quimperlé qui estoient à Hennebont. Charles eut horreur de cette proposition et fit tout ce qu'il put pour détourner l'Espagnol de sa barbare entreprise. Tout fut inutile. Louis protesta qu'il abandonnerait le parti de Charles s'il ne le laissait satisfaire. On fit venir les deux prisonniers, et l'exécution devait se faire le jour même. Mais Clisson et Mauny, instruits de ce qui se passait, réussirent à délivrer les deux prisonniers. » (Hist., p. 237.)

La même année, le comte de Northampton insulta Rohan, dont les habitants abandonnèrent la place, qui fut bruslée et saccagée. Il prit aussi Pontivy qui était au vicomte de Rohan ; le Faouët et la Roche-Perriou se rendirent aussi au roi d'Angleterre, avec Ploërmel et Malestroit qui avaient été pris par Charles de Blois. (Hist., p. 330.)

Le texte de Froissart, que nous avons reporté aux pièces justificatives, à cause de sa longueur, relate tous ces faits dans un langage expressif et rempli d'infiniment plus de charme que celui des auteurs qui l'ont rajeuni.

Du château-fort du Faouët, dont une rue porte le nom, il ne reste plus rien que son emplacement occupé par un grand jardin, et une cour avec un puits de grandeur et de maçonnerie intérieure remarquables.

III

FILIATION DES BOUTEVILLE, PAR LE GÉNÉALOGISTE GUY AUTRET, SEIGNEUR DE MISSIRIEN. — NOTES COMPLÉMENTAIRES.

Faouuet-Bouttevile (1).

D'argent à 5 fusées de geules posés en face, ou à une fasce fuselée de geules de cinq piéces.

La seigneurie du Faouuet est l'une des antienes de l'évêché de Cornouaille et a obtenu rang de tout temps entre les banerets de Bretaigne, elle porte le nom de la paroesse en la quelle elle est située, sous la juridiction royale de Gourrin.

Le bourg du Faouuet est basti come une petite vile, où se tienent les plus belles foores et marchés de la Haute-Cornouaille.

Les premiers seigneurs du Faouuet portoint vraysemblablement le surnom de leur terre, et j'estime que ceste seigneurie estant tombée en main d'héritière, pandant les guerres d'entre Jan de Monfort et Charles de Blois, quelque gentilhome françois, du parti du dit de Blois et du nom de Boutevile, épousa ceste héritière, environ l'an 1340. Quoy que s'en soet, le nom de Boutevile n'est pas breton d'origine (2).

---

(1) Copié sur l'original entièrement écrit de la main de Guy Autret, seigneur de Missirien.

(2) M. de Missirien pouvait dire que si les Bouteville n'étaient pas d'origine

I.

Jan DE BOUTEVILE vivoet l'an 1340, je présume qu'il épousa l'héritière du Faouuet. Il fut père de :

II.

1. Bizien DE BOUTEVILE.

2. Jan DE BOUTEVILE, sieur de Kerbrat, partagé par Bizien, son aisné, o l'authorité de Jan, leur père comun, au manoir de Kerbrat, par contrat du 10e mars 1382. Il épousa Marie de Launay et fut père de Jane de Boutevile, dame de Kerbrat, mariée aveq messire Yvon de Kerrimel, chevalier, seigneur de Coëtinisan (1).

LAUNAY : *Escartelé d'or et d'azur, au filet de gueules posé en bande.*

KERRIMEL : *D'argent à trois fasces de sable.*

3. Jane DE BOUTEVILE, fame de monsieur Geffroy de Chefdubois, chevalier, seigneur de Coëtrévan.

CHEFDUBOIS-COETREVANT : *De geules au sautouer d'or, accompaigné de 4 coquilles d'argent.*

Messire Bizien DE BOUTEVILE, seigneur du Faouuet, du Seins, et vicomte de Berragan (2), aux anées 1390, 1400, 1410, épousa Jane de Quélen, fille de Yves ou Éon, sire de Quélen,

QUÉLEN : *Burelé en fascé d'argent et de geules de dix pièces.*

---

bretonne, on les voit dès 1270 figurer dans notre pays. A cette date, Hervé de Bouteville était sénéchal de Ploërmel et de Broërec : ce fut sans doute lui qui épousa l'héritière du Faouët.
Nous pensons que Jean Ier de Bouteville, mari d'Andrée de la Rivière, devait être le seigneur du Faouët à l'époque des sièges qu'il soutint dans les guerres de Blois et Montfort, et qu'il devait être petit-fils d'Hervé. Mais nous reproduisons le texte de M. de Missirien, sans y rien changer, même dans l'orthographe rigoureusement conservée.

(1) Messire Yvon de Kerimel décéda en mars l'an 1435, et sauva dame Jehanne de Bouteville, sa compagne, outre que sauva dame Plesou de Quélen, sa mère. (Registre des comptes et recettes de Guingamp, de 1457 à 1459. Arch. des Côtes-du-Nord, E. 906.) — Rachat de messire Yvon de Kerimel, mort en mars 1435, présenté par Jehan de Kerimel, son fils. (Compte de 1435.) — Dame Jehanne de Bouteville, veuve de feu messire Yvon de Kerimel, décéda au mois d'avril l'an 1459. (Compte de 1459 à 1460.) — Communications de M. J^h de Ménorval.

(2) C'est du Saint et de Barrégan qu'il faut lire. Le château et la paroisse du Saint sont entre le Faouët et Gourin. C'est là que semblent avoir toujours résidé les Bouteville et les Goulaine, après la destruction du château du Faouët.

et d'Alliete du Vieuchastel ; la quele de Quélen, estant veuffve, convola en seconde nopce aveq Jan, seigneur de Rosmadec, lors veuf de Alix du Tivarlen. Bizien fut père de :

III.

1. Jan DE BOUTTEVILE.

KERGOUR-
NADHC :
Échiqueté d'or et de geules.

MUR :
De geules au château somé de 3 tours d'argent.

PENHOËT :
D'or à la fasce de geules.

2. BIZIEN fut renomé aux guerres de son temps, suivit le conestable Artur de Bretaigne, fut fait chevalier en la bataille de Formigni et espousa, sur la fin de ses jours, Marguerite, dame de Kergournadeahc.

3. Peronele DE BOUTTEVILE, fame de Jan, seigneur du Mur, l'an 1415, fut mère de Louise du Mur, héritière, qui épousa Hervé, sire du Juhc.

Messire Jan DE BOUTTEVILE, chevalier, seigneur du Faouuet, de Seins et Berragan, prind les armes, l'an 1420, pour la délivrance du Duc. Il épousa dame Ysabeau de Penhoët (1) et fut père de :

IV.

1. Jan DE BOUTTEVILE.

DU VERGER :
Escartelé de geules et d'ermines.

2. Clémance DE BOUTTEVILE cont. actée en mariage le 11ᵉ novembre 1420, aveq Jan, fils aisné de messire Pierre du Verger, chevalier, et de Blanche de Chefdubois ; elle eut assiette de 60 liv. rente (2).

Messire Jan DE BOUTTEVILLE, seigneur du Faouuet, chevalier, (3) seigneur de Seins et de Berragan. Il avoet épousé Alix

---

(1) Isabeau de Penhoët, fille de Guillaume, sire de Penhoët, chevalier, et de Jeanne d'Albret, et sœur de Jean de Penhoët, amiral de Bretagne, et de Jeanne de Penhoët, vicomtesse de Coetmen, de Marquise, dame de Vieillevigne, de Béatrix de Penhoët, dame de Boiséon. (Vᵗᵉ de Saint-Pern.)

(2) Catherine de Bouteville, fille d'honneur de Marguerite de Bretagne, femme d'Alain VIII vicomte de Rohan, reçoit, en 1428, un legs de cent livres dans le testament de la princesse : d'après les dates, elle semble appartenir à ce degré.

(3) Chevalier Banneret ; comme ses prédécesseurs.

de Launay, dame de Coëtquénan, en l'évêché de Léon, fille et principale héritière d'Olivier de Launay, vicomte de Coëtquénan, et de Blanche de Cornouaille.

LAUNAY-COETQUÉNAN :
D'azur à la tour somée d'or.

V.

1. Jan DE BOUTTEVILE.

2. Pierre DE BOUTTEVILE fut seigneur de Coëtgouraval (1) et épousa Marguerite de Saintois de la quelle il lessa Louis de Bouttevile, sieur de Coëtgouraval, qui, en l'an 1502, avoet un filz nomé François de Boutevile, lequel épousa Gilete du Vieuchastel, fille de Guillaume du Vieuchastel, sieur du Brunot, et de Ysabeau de Plœuc, sa seconde fame, le dit François mourut l'an 1561 et fut père de Riou de Bouttevile, qui, de Jane Bobile (2), de la maison de Campostal, lessa Plesou de Bouttevile, dame de Coëtgouraval, qui fut mariée aveq Charles Urvoye, seigneur de Crenan, qui en lessa une fille nomée Anne Urvoye, dame de Crenan et de Coëtgouraval, fame de messire Maurice de Perrien, seigneur de Crenan, et mère de messire Pierre de Perrien, marquis de Crenan, et des dames ses sœurs (3).

VIEUCHASTEL:
D'ermines à trois fasces de gueles et un lambeau d'azur de 4 pièces.

PERRIEN :
D'argent à une bande fuselée de geules de cinq pièces

---

(1) Jehan de Bouteville figure dans le rôle de montre de la retenue de Jean de Penhoët, amiral de Bretagne. Il fut fait prisonnier par les Anglais, au siège du Mont-Saint-Michel, en 1427. (D. Morice, Pr. II, col. 1012.) — Voyez aussi : *Recherches sur la chevalerie du duché de Bretagne*, de M. de Couffon de Kerdellech.

(2) Bobillé, seigneur de Campostal.

(3) Nous devons ajouter quelques notes sur les Bouteville de Coëtcouraval, d'après nos propres archives : noble escuier Pierre de Bouteville, seigneur de Coëtcouraval, que je croyais fils d'autre Loys de Bouteville, seigneur de Coëtcouraval, qui fait une déclaration à la seigneurie de Paule, le 10 septembre 1410, figure dans les archers du corps du duc Arthur II, en 1453, ainsi qu'un Nicolas de Bouteville, son frère, peut-être ? (Pr. II, 1723). Il épousa, en effet, d'après mes titres, Marguerite de Sainthoës. Un de leurs fils fut noble missire Charles de Bouteville qui figure dans les titres de la seigneurie de Paule, comme recteur de cette paroisse, en 1475. — Noble homme François de Bouteville, seigneur de Coëtcouraval, que je regardais comme petit-fils des précédents, plutôt que fils, rend aveu à la seigneurie de Paule, le 3 mai 1541. Il dut être frère d'un Jan de Bouteville, dit cadet de Coëtcouraval, et qui fut recteur de Mellionec, et dont il rebâtit l'église dans le commencement du XVI° siècle, d'après une enquête sur les prééminences de Mellionec dont nous avons l'original. — François fut père de Pierre (et non Riou) de Bouteville, seigneur de Coëtcouraval,

Du Chastel : Fascé d'or et de gueules de six pièces.

3. Ysabeau DE BOUTTEVILE, fille aisnée, contractée en mariage le 17 décembre 1453, aveq messire Louis du Chastel, chevalier, seigneur de Mezle et de Châteaugal (1).

Tréal : De gueules au croessant d'argent burelé d'azur.

4. Guione ou Guiotte DE BOUTTEVILE, mariée en la maison de Beaubois de Tréal.

La Forest : D'argent au chef de sable.

5. Marie DE BOUTTEVILE épousa Pierre, seigneur de la Forest, de l'évêché de Vanes, maison antiene depuis tombée en cele de Kerman.

Le Gal : De gueules à 3 châteaux d'or.

6. Marguerite DE BOUTEVILE, mariée premièrement aveq Galois le Gal, sieur de Cufnio, de la Haye et du Verger, et en seconde nopce, en l'an 1440, aveq Riou, sieur de Kermerien.

Kermerien : D'argent au chevron de gueles, acompaigné de 3 roses au pied norris d'azur.

7. Catherine DE BOUTEVILE épousa Guillaume de Baud et fut partagée par Jan, son nepveu, le 13 may 1451.

De Baud : D'azur à 10 billettes d'or, 4, 3, 2, 1.

Messire Jan de Bouttevile, chevalier, seigneur du Faouuet, du Seins, de Kerian, vicomte de Berragan et de Coëtquénan, chambellan du Duc, capitaine de Conq, aux anées 1470, 1480, 1488. Il contracta mariage, le 28ᵉ novembre 1463, aveq dame Marie de Keinmerhc, fille aisnée de noble et puissant Charles, seigneur de Keinmerhc, et de Marguerite de la Rocherousse (2).

Keinmerhc : D'argent au croessant de gueles, surmonté d'un escusson d'or chargé de 2 roses de gueles et d'un quanton de mesme.

---

qui eut pour fille et dernière héritière de sa branche, Plésou de Bouteville, laquelle épousa : 1º messire Charles Urvoy, seigneur de Crenan, fils d'Alain Urvoy, seigneur des Fermes, et de Madeleine Le Nepvou, dame de Crenan, d'où deux filles, Anne et Hélène ; 2º vers 1580, messire Charles de Perrien, fils de Jean de Perrien et de Jeanne de Saint-Gouëznou, dont deux des fils de son premier mariage avec Louise de Belle-Isle, Maurice et Pierre de Perrien épousèrent les deux filles de Plésou de Bouteville, Anne et Hélène Urvoy.

(1) Isabeau de Bouteville fut mariée, par contrat du 27 décembre 1453, à Louis du Chastel, chevalier, seigneur de Mesle, de Châteaugal, de La Rochedroniou, de Rosquigeau et de Landrevesec, décédé en 1477, fils de Henry du Chastel, seigneur de Mesle et de La Rochedroniou, et de Isabeau de Kermellec. (P. Anselme, VIII, 363.) (Communication du Vᵗᵉ R. de Saint-Pern.)

(2) Dans la déclaration du duc François II en faveur des seigneurs qui s'étaient ligués contre Landais, le sire du Faouët est cité parmi les chambellans et écuyers du Duc, savoir : les sires de Maure, de Molac, du Chastel, de Kermavan, de Plusquellec, du Faouët, de Plœuc, de Tyvarlen, de Kerouzéré, qui sont particulièrement l'objet des pardons et restitutions de leurs villes, châteaux, places fortes, maisons, rentes, etc., et de dédommagement de l'abatage et démolition de leurs bois, maisons et autres édifices, le 12 d'aoust, l'an 1485. (D. Morice, Pr. III, 479.) Au compte du trésorier général, Guillaume Juzel (1486), le sire du Faouët figure avec les grands personnages dans l'article pensions. (D. Morice.)

De leur mariage sortirent :

VI.

1. Jan DE BOUTEVILE, mort sans enfans (1).
2. Louis DE BOUTEVILE.
3. Charles DE BOUTEVILLE, duquel je n'ay que le nom.
4. Yves DE BOUTTEVILE, abbé de Saint-Maurice, 1515 (2).
5. Thébaut DE BOUTEVILLE, sieur de Kerian, 1512 (3).
6. Catherine DE BOUTTEVILE, contractée, le 6ᵉ jour d'aoust 1492, aveq Guillaume, seigneur de Kersauson (4).
7. Marguerite DE BOUTTEVILE, fame de ROLLAND DE ROSTRENAN, sieur de Brelidi (5). et depuis elle épousa en seconde nopce, Olivier DE QUÉLEN, sieur du Dresnay, et en troesième, JAN, seigneur D'ARADON.

KERSAUSON :
De geules à une boucle ou fermail d'argent.

ARADON :
De sable à 7 mâcles d'argent, 3, 3, 1.

---

(1) Ce fut sans doute ce Jan de Bouteville qui périt au combat de la Cordelière, le 10 août 1513, avec environ 500 Bretons, et entre autres Hervé de Portzmoguer, un Brezal, un Jean de Kermellec, etc.

(2) Yves de Bouteville, abbé de Langonnet, fut maintenu en possession de cette abbaye, le 13 avril 1518, contre frère Yves de Vaucouleur qui lui disputait ce siège. Il y mourut en 1536, et sa pierre tombale avec ses armes se voit encore à l'abbaye de Langonnet.

D. Morice, H. II. cl., dans son catalogue des abbés de Saint-Morice de Carnoët, dit que Louis du Pou trouva un compétiteur en la personne du frère Yves de Bouteville qui fut maintenu le 1ᵉʳ de juin 1521. Il est probable, ajoute-t-il, que Louis du Pou gagna son procès. Ainsi les deux abbayes de Saint-Morice de Carnoët et de Langonnet eurent successivement Yves de Bouteville pour abbé.

(3) Thibaut de Bouteville figure, le 18 juin 1531, au mariage de N. et P. Joachim de Sévigné, seigneur de Sévigné, de Vigneu, de Tréal et des Rochers, avec damoiselle Marie du Quellenec, fille de Charles du Quellenec, vicomte du Fou, et de Gillette du Chastel. Je ne sais rien de plus sur lui.

(4) Guillaume de Kersauson, fils aîné de Hervé II de Kersauson et d'Isabeau de Pontplancoët.

(5) Rolland de Rostrenen, grand personnage, fils de Pierre de Rostrenen, seigneur de Brélidy, et d'Isabeau Arrel. Il avait épousé en premières noces Perronnelle de Maillé, veuve d'Alain IX, vicomte de Rohan, fille d'Hardouin, sire de Maillé et de Boussay, et de Perronnelle d'Amboise.

La maison de Rostrenen est des plus illustres.

Celle de Quélen, une des plus grandes maisons de Bretagne : on la trouve alliée à tout ce qu'il y a de plus considérable : ce nom figure dans toutes les belles filiations.

PARISI :
D'azur à la croix losangée d'argent.

8. Catherine DE BOUTEVILE, la jeune, fame de noble et puissant François le Parisi, seigneur de Kerrivoalen et de Sévérac (1).

COMBOUT :
De gueles au lion couronné d'argent.

9. Péronele DE BOUTTEVILE épousa Jan, seigneur du Combout.

10. Janne DE BOUTTEVILE, accordée en mariage aveq Jan le Carbonais, seigneur de Kerligounan (2).

CARBONAIS :
De gueles à 3 ganteletz d'argent semés d'ermines.

11. Ysabeau DE BOUTTEVILE, épouse de Jaques, seigneur de Kergounouarn et de Penfuntunio; elle vescut jusques en l'âge de 90 ans et ne mourut qu'en l'an 1588 (3).

KERGOUNOUARN :
De sable au lion d'argent armé et lampassé de gueles.

Noble et puissant messire Louis de Boutteville, chevalier, seigneur du Faouuet, du Seins, de Kerian, vicomte de Coëtquénan et de Berragan, chambellan du roy François premier, vivoet aux anées 1500, 1520, 1530, 1540. Il contracta mariage le 19ᵉ janvier 1498, aveq dame Janne du Chastel, seconde fille de messire Olivier, sire du Chastel, et de Marie de Poulmic; elle eut en partage la terre de Kerriou et fut mère de trois enfans :

DU CHASTEL :
Fascé d'or et de gueles de six pièces.

VII.

1. Yves DE BOUTTEVILE.

LE JEUNE :
De gueles à la croix d'argent quantonée de quatre espicz de blé de mesme.

2. Marie DE BOUTTEVILE, contractée en mariage, le 2ᵉ juin 1523, aveq messire Julien le Jeune, seigneur de la Morlaye, de Saint-Malo, de Gourseul et de Renfortz.

---

13 janvier 1511. Jugement de la cour de Guingamp qui, sur la représentation d'Olivier de Quélen, mari de Marguerite de Bouteville, veuve de Rolland de Rostrenen, seigneur de Brélidy, son premier mari, qu'après le décès de Jean de Lezversault, héritier principal dudit de Rostrenen, la terre de Brélidy avait été saisie, et par suite ladite de Bouteville privée de son douaire, etc. (Arch. départementales de Saint-Brieuc, E. 960). Communication de M. Joseph de Ménorval.

(1) Il était fils de Henry-Louis Le Parisy, seigneur de Kerivalan, et de Jeanne de Villeneuve.

(2) Les Cabournais ont été une famille importante. Pierre de Cabournais ratifie le traité de Guérande en 1381. Le même, ou son fils, Pierre de Cabournais, figure dans la liste des seigneurs avec le Duc contre les Penthièvre, 16 octobre 1420. (D. Morice. Pr. II, p. 1061.) Ils étaient seigneurs dudit lieu, par de Cléden-Poher, et figurent dans les montres de 1426 à 1536.

(3) La date de 1588 paraît invraisemblable : ce serait plutôt 1558.

3. Hélène DE BOUTEVILE, fame de noble escuier Maurice de Chefdubois, sieur de Keruhere, mourut fort âgée et sans enfans.

CHEFDUBOIS : *De geules au grelier d'argent enguiché de mesme.*

Noble et puissant Yves de Boutteville, seigneur du Faouuet, du Seins, de Kerriou, Kerian, vicomte de Coëtquénan et de Berragan, aux anées 1545, 1550, fit son testament le 27 aoust 1554, et avoet pour fame dame Renée de Carné, fille aisnée de Marc, sire de Carné, et de Gillete de Rohan.

CARNÉ : *D'or à deux fasces de geules.*

De ce mariage sortirent :

VIII.

1. René DE BOUTTEVILE, seigneur du Faouuet, ne fut jamais marié et lessa sa succession à ses sœurs.

2. Marie DE BOUTTEVILE, dame du Faouuet (1), riche héritière, épousa Tangui, seigneur de Rosmadec, de Mollac, des Chapeles, du Tivarlen et de Pontecroix. Elle mourut sans enfans au château du Seins, l'an 1558, et ledit de Rosmadec épousa depuis Marguerite de Beaumanoir.

ROSMADEC : *Palé d'argent et d'azur de six pièces.*

3. Jane DE BOUTTEVILE, la puisnée, contractée en mariage, le 20 mars 1554, aveq messire Yves Parcevaux, sieur du Prathir, filz aisné de Morice Parcevaux, seigneur de Mésernou. Elle en lessa Renée et Marie Parcevaux, décédés au berceau. Ladite Jane de Boutteville épousa en seconde nopce, Claude, seigneur de Goulaine.

PARCEVAUX : *D'argent à 3 chevrons d'azur.*

Haute et puissante dame Janne de Boutteville, dame du Faouuet, héritière de René et de Marie, ses frère et sœur, épousa, au mois de feuvrier 1559, en l'âge de 19 ans, ledit Claude de Goulaine, âgé de 20 ans, qualifié seigneur

GOULAINE : *Parti d'Angleterre et de France.*

---

(1) Marie de Bouteville épousa, le 7 septembre 1558, Tanguy, sire de Rosmadec, baron de Molac, de Tyvarlen, de la Chapelle, de Pontcroix, etc., chevalier de l'ordre du Roi, fils d'Alain, sire de Rosmadec, de Tyvarlen et de Pontcroix, baron de Molac, etc., et de Jeanne du Chastel. En 1561 il se remaria avec Marguerite de Beaumanoir.

de Pomerieux, lors cadet de la maison de Goulaine et qui depuis devint aisné par la mort de ses frères. La dite Jane de Bouteville décéda le 13 juillet 1572 et lessa nombre d'enfans qui se peuvent voir en la généalogie de Goulaine.

Il est remarcable que Gabriel, à présant seigneur de Goulaine, a vandu la terre du Faouuet plus de cent mille escus à divers particuliers quoy que le bourg et la plus part du fief soet vendu au seigneur de Coëtcodu, qui porte le nom du Fresnay. Le mesme a vendu la terre du Seins à M. du Boisdelaroche Liscoët pour quarente mille escus ; la terre de Kerian au sieur de Kervilio Jégou, qui a épousé une Budes, pour cinquante mille escus ; les terres de Coëtquénan et de Kerriou avoint estées baillées en partage à Moricete de Goulenes, mariée au Timeur, et d'autres terres de la mesme succession du Faouuet aux dames de Kergoumar et de Lesmais, aussi tantes du marquis de Goulaine. »

Ici finit le texte de Guy Autret de Missirien.

PRINCIPAUX MONUMENTS RELIGIEUX DES BOUTEVILLE.

Parmi toutes les églises et les nombreuses chapelles que l'on doit à cette famille amie de l'art, nous ne nous arrêterons qu'à celles qui attirent le plus l'archéologue et le touriste. Nous ne pourrions parler des Bouteville sans rappeler que Sainte-Barbe du Faouët et Saint-Fiacre sont encore là comme le plus grand souvenir qu'ils nous ont légué.

C'est par Jean IV de Bouteville, seigneur-baron du Faouët, chevalier-banneret, mari d'Alix de Coëtquenan, que fut fondé, l'an 1436, la grande et curieuse chapelle de Saint-Fiacre, située à une demi-lieue du Faouët, route de Quimperlé. Une pierre détachée de l'édifice, et que l'on voit dans le village, porte encore cette date ; mais nous ne savons pas le motif de cette fondation, qui dut être l'accomplissement de quelque mémorable vœu, fait peut-être lors des guerres de Charles VII, auxquelles les Bretons prirent une si glorieuse part.

« Le xve siècle a été pour le diocèse de Vannes la période la plus riche en constructions d'églises et de chapelles, dit M. l'abbé Le Mené, dans sa très précieuse *Histoire du diocèse de Vannes* (1). Il nous reste même des boiseries remarquables de cette époque. Ainsi le jubé de la chapelle de Saint-Fiacre, près du Faouët, date de 1480 (2). Il est monté sur un chancel, qui sépare la nef de l'intertransept ; du côté de la nef on voit au milieu du jubé le Christ en croix entre les deux larrons, et un peu plus bas la Vierge et saint Jean ; au-dessus, cinq arcs ou ogives sont terminées par des anges à leur partie inférieure ; les panneaux sont fouillés avec une délicatesse incroyable et entourés de sujets divers. On lit aux arcs inférieurs ces deux inscriptions en lettres gothiques : *l'an mil IIII^{cc} IIII^{xx} fut fait ceste œupvre, par Olivier Le Loergan* ; à droite : *tous ceux qui céans antrerez aiés mémoire des trépassés.* » (Hist. du diocèse de Vannes, T. I., 496.)

Ce fut en 1489 qu'eut lieu la fondation de Sainte-Barbe, chapelle placée dans une situation unique en son genre ; la tradition rapporte ainsi son origine : le sieur de Toulbodou (en Locmalo) chassait un jour dans la vallée de l'Ellé lorsque, au milieu d'un épouvantable orage, au moment où la foudre brisait les rochers, l'un de ces blocs allait broyer dans sa chute l'infortuné chasseur, il fit vœu à sainte Barbe de lui élever une chapelle au même endroit s'il était préservé de la mort. Le rocher s'arrêta court à la place qu'il conserve encore à mi-côte ; et de suite (maintenant c'est M. l'abbé Le Mené qui parle, T. I., p. 479) « Jean DE TOULBODOU acquit, le 6 juillet 1489, de Jehan DE BOUTEVILLE, seigneur du Faouët et de Barrégan, vicomte de Coëtquenan, une portion de terrain, sur le flanc d'une montagne, au bord de l'Ellé, à

---

(1) Publiée en 1888.

(2) C'est donc à Jean V de Bouteville que l'on doit le jubé si beau de Saint-Fiacre, car il était baron du Faouët alors ; nous le voyons figurer le 14 octobre 1480 à l'entrée solennelle de Guy du Bouchet, évêque de Quimper, porté par Louis de Rohan, seigneur de Guémené, Pierre, baron du Pont-l'Abbé et de Rostrenen, Jean de Trésiguidy, Charles de Quimerch et le seigneur du Faouët. (D. Morice. Pr. III, p. 374.)

1500 mètres au nord-est du Faouët, pour bâtir une chapelle en l'honneur de sainte Barbe. Les travaux commencèrent immédiatement, comme l'atteste cette inscription en lettres gothiques : *le commencement de ceste chapelle fut le VI jour de juillet, l'an mil CCCC IIII^{xx} neuff.*

» Cette chapelle, comme l'a dit Cayot-Délandre, est certainement dans la position la plus extraordinaire qu'on puisse imaginer ; elle est accrochée au flanc de la montagne, du côté le plus abrupt, et comme suspendue au-dessus du vallon de l'Ellé.

» L'emplacement est si étroit, que la chapelle s'allonge du nord au sud ; néanmoins l'autel est orienté à l'est, dans une saillie polyédrale, et le portail, situé à l'ouest, touche presque l'autel, par suite de l'absence de la nef. On y accède aujourd'hui à l'aide de larges escaliers en pierres à balustres, d'une époque relativement moderne. »

La voûte fut faite en 1512, suivant l'inscription qui s'y voit (1). Partout se voient le blason des Bouteville supporté par des anges, et celui de Jean de Toulbodou, « *d'or semé de feuilles de houx de sinople* », avec un autre écusson en alliance que nous ne pouvons appliquer à aucun nom (2). Dans les vitraux, à droite et à gauche du maître-autel, sont représentés les Bouteville ; les armes des Quimerch sont au sommet de l'un d'eux, et toute la nombreuse famille de Jean V de Bouteville et de Marie de Quimerch est groupée, les fils autour du père, en costume de chevalier, et les filles à la suite de leur mère, tous à genoux, les mains jointes ; ce vitrail est curieux et charmant.

---

(1) Louis de Bouteville et Jeanne du Chastel étaient alors les seigneurs du Faouët.

(2) Guillaume et Jean de Toulbodou qui, tous deux, figurent à l'acte de fondation que l'on trouvera aux pièces complémentaires, étaient fils d'Ollivier de Toulbodou et de Catherine Le Trancher. Guillaume, l'aîné, ne laissa pas d'enfants de son mariage, le 25 février 1446, avec Catherine de Saisy, fille de Pierre Ier de Saisy, seigneur de Kerampuil, et de Marguerite de Renquier ; et Jean de Toulbodou continua la filiation. Son fils aîné, Perrot de Toulbodou, épousa Jeanne de Kergrois, et est qualifié seigneur de Guidfos (en Plouray), d'où Vincent de Toulbodou qui épousa, en 1540, Guyonne de Coëtanscours.

Tout ce que l'on voit à Sainte-Barbe est fait pour captiver le visiteur ami de l'idéal et des merveilleux sites : il s'en éloigne à regret, et se promet d'y revenir encore (1).

IV

Les Goulaine. — Guerres de la Ligue.

Claude, sire DE GOULAINE, baron de Blaizon, vicomte de Coëtquenan, seigneur châtelain de la Guerche, en Anjou, gentilhomme ordinaire de la chambre du Roi, qualifié chevalier de l'ordre du Roi, dans un acte original du 22 septembre 1577, était le quatrième fils de Christophe, sire DE GOULAINE, et de Claude DE MONTEJAN, sœur du maréchal de Montejan.

« Claude DE GOULAINE, dit M. G. de Carné, dans « *Les Chevaliers bretons de Saint-Michel* », assista, sous le nom de S. de Pommerieux, aux États tenus à Nantes, le 5 novembre 1569 ; et il est déjà qualifié chevalier de l'ordre du Roi dans le procès-verbal en date de ce jour. Il avait épousé : 1° en 1559, Jeanne DE BOUTTEVILLE, dame du Faouët, de Coëtquénan, du Saint, de Kerjean, etc., fille d'Yves et de Renée DE CARNÉ, et veuve d'Yves DE PARCEVAUX, *homme de grande littérature, qui reçeut le doctorat à Bologne, en Italie, l'an 1551*, dit une ancienne généalogie, aux titres de MM. de Parcevaux ; 2° en 1574, il épousa Jeanne PINART, veuve de Roland DE BOTLOY et fille de Roland Pinart et de Catherine Taillart.

DE GOULAINE: *De gueules à trois demi-léopards d'or posés l'un au-dessus de l'autre, parti d'azur à une fleur de lis d'or et une demi fleur de lis de même mouvant de la partition.* (d'Hozier). — La formule de M. de Missirien est plus concise : *mi-partie d'Angleterre et de France.*

---

(1) On doit à M. l'abbé Robin, curé actuel du Faouët, la restauration de cette curieuse chapelle ; il a fait célébrer, le 6 juillet 1880, le quatrième centenaire de la fondation, par une fête grandiose qui restera longtemps dans toutes les mémoires. Tout ce qu'il a su faire pour sauver Sainte-Barbe d'une ruine plus ou moins prochaine, doit faire bénir son nom ; ainsi que toutes ses autres grandes œuvres au Faouët lui assignent une place à part dans la reconnaissance de ses paroissiens.

« Le 14ᵉ jour d'avril 1579, mourut au *Sainct* feu de bonne
» mémoire hault et puissant messire Claude de Goullayne, et
» fut enterré dans la chapelle de N.-D. du Sainct, dans
» l'enfeu où il avoit faict austrefois aporter le corps de feu
» dame Jeanne de Bouteville, sa première femme. » (Reg.
de Goulaine.)

Jeanne DE BOUTEVILLE, comme l'a dit M. de Missirien, mourut le 13 juillet 1572.

Claude DE GOULAINE mourut le 14ᵉ avril 1579, laissant de son premier mariage :

1. GABRIEL, qui suit.

2. JEAN, baron du Faouët, qui suivra.

DE PLŒUC :
D'hermines à trois chevrons de gueules : écartelé de Kergorlay.

3. MORICETTE DE GOULAINE, qui épousa noble et puissant Vincent DE PLOEUC, seigneur du Tymeur, chevalier de l'ordre du Roi, capitaine du ban et arrière-ban de l'évêché de Léon, veuf d'Anne du Chastel et fils ainé de haut et puissant Charles de Plœuc, seigneur du Tymeur, et de Marie de Sᵗ-Gouëznou. Il mourut en 1598. Le contrat de ce mariage, du 1ᵉʳ mars 1579, eut lieu dans la salle haute du château du Saint, en présence de haute et puissante dame Renée de Carné, douairière du Faouët, aïeule de la dite épouse.

DE LESMAIS :
D'argent à trois fasces d'azur, accomp. de dix hermines de sable, 4, 3, 2 et 1.

4. MARIE DE GOULAINE épousa Pierre DE LESMAIS, seigneur de Kergoët, Kerjoly, Chefdubois, La Boexière-Edern, etc., fils de messire Guy DE LESMAIS et de Jeanne DU QUELLENEC, et veuf sans enfants de Moricette DE GUISCANOU (1).

DE KERGUEZAY :
D'hermines à une fasce de gueules, chargée de trois molettes d'or.

5. LOUISE DE GOULAINE fut mariée à Claude DE KERGUEZAY, seigneur de Kergommar, de Kermorvan, etc., gentilhomme ordinaire de la chambre du Roi, capitaine de 50 hommes d'armes de ses ordonnances, maréchal de ses camps et

---

(1) Leur fils unique, Claude, vicomte de Lesmais, seigneur baron de Kergoët, seigneur de Kerjolly, Chefdubois, La Boexière-Edern, Minguionet, Coëtqueveran, etc., épousa Anne d'Acigné, et mourut sans enfants.

armées, gouverneur de Guingamp et commandant l'arrière-ban de Tréguier, est qualifié chevalier de l'ordre du Roi dans un acte du 24 janvier 1591, fils de Jean, chevalier, et de Louise Le Cozic (1).

Gabriel, sire de Goulaine, gentilhomme ordinaire de la chambre du Roi et lieutenant de 100 hommes d'armes de ses ordonnances, sous la charge du duc de Vendôme, avait été fort attaché au duc de Mercœur, dont il commandait la compagnie de chevau-légers, est qualifié chevalier de l'ordre du Roi dans deux actes des 5 septembre 1601 et 18 septembre 1606 *(Chevaliers bretons de Saint-Michel, p. 146)*. Il naquit au château de Goulaine le 25 novembre 1563. Il fut, dit Monsieur de Missirien, « le plus considérable seigneur de Bretagne du
» parti du duc de Mercœur. Pendant les guerres de la Ligue,
» il fut maréchal de camp aux armées du dit duc, lequel lui

---

(1) Sur Claude de Kerguezay, nous empruntons l'article suivant aux *Chevaliers bretons de Saint-Michel*, de M. de Carné, page 190 :

« Claude de Kerguezay naquit en 1559. Il prit une part très active aux guerres de la Ligue. En 1590, il repoussa avec La Tremblaie la tentative des Ligueurs sur Moncontour et Lamballe, fit prisonniers plus de 60 gentilshommes et s'empara du canon. (D. Taill.) Il commandait avec Bastenai, Liscoët et La Tremblaie, au sac de Carhaix, accompagna ce dernier dans sa descente à l'île de Bréhat; assista aux journées de la croix de Malhava. Il joignit ses troupes à celles de Sourdéac, en 1591, contre Saint-Laurent, qui, abandonnant le siège de Cesson pour venir à leur rencontre, près de Guingamp, fut vaincu et fait prisonnier. « Kergommard, Kermorvan (son frère), Liscoët et Précréan firent des prodiges de valeur. » (D. Taill.) René Fleuriot, dans son journal, nous apprend que Claude de Kerguezay fut fait prisonnier avec lui, près le Huelgoat, le 21 septembre 1594, par l'avant-garde du duc de Mercœur. Ils furent emmenés à Hennebord et détenus jusqu'à la prise de Morlaix par le maréchal d'Aumont qui les retira, sans rançon, en échange des prisonniers ligueurs. Au mois de novembre de la même année, Claude de Kerguezay se trouva au siège de Crozon, et s'y distingua. Enfin, il fit, en 1596, une expédition très audacieuse et couronnée de succès contre Anne de Sansay, comte de la Maignane, qui s'était emparé de Quintin, et continuait, au mépris d'une trêve conclue, à piller et ravager les campagnes. Claude de Kerguezay sortit de Guingamp, fit accompagner ses troupes des Suisses du colonel Erlach, attaqua brusquement Quintin, força la Maignane à se retirer dans le château et le réduisit en peu de temps à une telle nécessité que ce dernier se vit forcé de capituler sans autre condition que la vie. (D. Taill.) Claude de Kerguezay avait épousé Louise de Goulaine, fille de Claude et de Jeanne de Bouteville ; il mourut en 1623 : « Le mardy, unsiesme d'apvril 1623, mousrut M. de Ker-
» goumar en sa maison de Quermorvan. Dieu lui fasse paix. C'estoit un abille et sage
» gentilhomme. » (Journal de René Fleuriot.)

» délivra en diverses occasions plus de trente commissions
» qui se voyent aux titres de Goulaine, et, particulièrement,
» par lettres données à Nantes, le 15 février 1590, il l'établit
» lieutenant général de l'Union, aux provinces de Bretagne,
» Anjou et Poitou..... S'estant engagé dans ce party, Gabriel
» de Goulaine s'y arrêta avec une résolution qui passa jusques
» à l'opiniâtreté. Il y employa sa valeur, ses soins, son adresse
» et ses biens, ayant été obligé de vendre plusieurs terres et
» de s'endetter de plusieurs sommes, sans avoir voulu écouter
» aux offres avantageuses qui lui furent faites de la part du
» roi Henry IV, duquel il pouvait espérer un bâton de ma-
» réchal, s'il n'eût plus considéré l'honneur d'une fidélité
» inviolable que le profit qu'il eût pu obtenir par la défection
» de son parti. »

En 1591, le bruit de sa mort se répandit parmi les royalistes ; la nouvelle en fut même portée à Henri IV qui écrivit, le 14 juillet, au duc de Montmorency : « J'ai eu advis que le duc
» de Mercœur a esté mal mené en Bretaigne, en un combat
» qu'il a eu avec les nostres, où il y a perdu quantité des
» meilleurs hommes qu'il eust, entre aultres le sieur de
» Goullaines, qui estoit son maréchal de camp. » (Lettres missives III.) « Le seigneur de Goulaine fit son traité par-
» ticulier à Angers avec le Roi Henry IV, le 15 mars 1598, quy
» porte que le Roy lui octroie abolition générale pour luy, le
» seigneur du Faouët son frère, et tous ceux qui ont été sous
» leur commandement aux provinces de Bretagne, Anjou et
» Poitou ;..... nomme ledit de Goulaine pour être fait chevalier
» du Saint-Esprit à la première création et luy accorde la
» lieutenance de la compagnie d'hommes d'armes de César
» Monsieur, duc de Vendôme... » (G. Autret de Missirien.)

DE BOTLOY :
Écartelé d'or et d'azur comme Tournemine.

Gabriel de Goulaine avait épousé, en septembre 1577, à peine âgé de 14 ans, Jeanne de Botloy, fille du premier mariage de Jeanne Pinart avec Roland de Botloy ; veuf, dès l'année 1582, il épousa, en 1585, Marguerite d'Avaugour de Bretagne, fille d'Odet, chevalier de l'ordre de Roy, et de Renée de Coësmes... (1) » Il eut le malheur de la perdre, dès l'année 1599, et mourut lui-même, au château de Goulaine, le 26 janvier 1607. D'eux naquit Gabriel II de Goulaine, qui suivra.

Jean DE GOULAINE, seigneur de la Ruffelière en Poitou, chevalier de l'ordre du Roi, et baron du Faouët et de Poulmic, joua comme son frère un rôle très important dans les guerres de la Ligue, pendant lesquelles il fut maréchal de camp du duc de Mercœur, et son lieutenant général aux évêchés de Cornouailles et de Léon. Il fut maintenu, par le traité de capitulation de son frère Gabriel, dans la charge de capitaine du ban et arrière-ban desdits évêchés.

Il épousa Anne DE PLOEUC, dame de Poulmic, fille de Vincent DE PLOEUC, seigneur du Tymeur, chevalier de l'ordre du Roi, et d'Anne DU CHASTEL, dame de Poulmic, sa première femme.

D'où : Gabriel, époux de Claude DE NÉVET, mort sans postérité, et quatre filles Religieuses Bénédictines du Calvaire, dont Anne de Goulaine, connue dans la *Vie des saints de Bretagne* de Dom Lobineau sous le nom de la mère Anne-Marie de Jésus Crucifié, était née le 20 septembre 1599, et mourut en odeur de sainteté, le 4 septembre 1653. (2) Les deux sœurs aînées avaient précédé au Calvaire la sœur Anne-Marie ; une quatrième entra dans la maison de Morlaix du même ordre, et leur mère, Anne DE PLOEUC, baronne du Faouët, suivit cette dernière et mourut religieuse, le 7 février 1636.

BRETAGNE (*batards de*) : Comte de Goëllo, — baron d'Avaugour et de Clisson, — vicomte de Saint-Nazaire, — Sr de la Touche, par. de la Limousinière, — comte de Vertus, en Champagne, d'hermines au filet de gueules en barre.

DE PLŒUC : D'hermines à trois chevrons de gueules. Ecartelé de Kergorlay.

---

(1) L'auteur des *Chevaliers bretons de Saint-Michel*, ajoute : « M. Arthur de la
» Borderie a publié dans le premier volume des Mélanges littéraires de la Société des
» Bibl. Bretons, une remarquable étude sous ce titre : *Le livre de Marguerite de*
» *Bretagne*. Nous y renvoyons le lecteur ; il y verra que Gabriel de Goulaine,
» esprit cultivé, lettré, poète à ses heures, » avait trouvé une compagne digne
» de lui. »

(2) Anne de Goulaine, appelée Mademoiselle du Faouët, entra, le 4 août 1629, au Calvaire de Morlaix. Sa mère, en la remettant à la prieure, dit ces paroles : « Ma
» mère, voilà mon trésor que je vous donne, ou plutôt à Dieu par vous. » Les annales de la Congrégation du Calvaire rapportent qu'elle fut stygmatisée, et favorisée de grâces surprenantes.

La date de la mort de Jean de Goulaine nous manque. Avant de parler de son neveu qui fut son successeur, rappelons que ce fut en 1595, après qu'il eut été délogé du château de Corlay, que le brigand La Fontenelle vint s'établir sur les bords de l'Ellé, très près du Faouët, au château de Crémenec, dont il fit son repaire après s'en être emparé. Il y commit d'atroces cruautés ; ses prisonniers, dont il voulait obtenir des rançons fabuleuses, sortaient des cachots de Crémenec, comme des spectres.

Le Faouët, et le pays d'alentour, furent pillés et ravagés, tant que La Fontenelle se tint à Crémenec. Cette seigneurie appartenait à Nicolas de Talhoët de Kerservant, appelé de ce dernier nom dans l'histoire des guerres de la Ligue. (1)

Gabriel II, marquis de Goulaine (2) et baron du Faouët, après la mort de Jean de Goulaine, et de son fils mort sans postérité de Claude DE NÉVET, naquit le 14 mars 1598, et épousa : 1° Barbe RUELLAN DE ROCHEPORTAIL, sœur de la duchesse DE BRISSAC et de la baronne DE GUÉMADEUC, le 19 janvier 1613, morte à 20 ans, sans postérité, et 2° à Nantes, le 14 août 1620,

DE CORNULIER: Claude DE CORNULIER, née, à Nantes, le 11 novembre 1606,
D'azur au rencontre de cerf d'or, sommé d'une moucheture d'hermine d'argent. fille ainée de Claude DE CORNULIER, seigneur des Croix, de la Haye, des Gravelles, de la Touche, vicomte de Saint-Nazaire, trésorier de France et général des finances en Bretagne, et de Judith FLEURIOT, dame de l'Étang. Elle mourut à Nantes le 21 août 1674 et lui, le 4 juin 1666.

Son seul fils, Louis, comte DE GOULAINE, s'était fait jésuite, à Paris, l'an 1654.

---

(1) Les armes de Talhoët de Kerservant qui sont : *d'argent à trois pommes de pin versées de gueules* (les mêmes que les Talhoët de Boishorhant, sans pouvoir les y rattacher), figurent dans le vitrail de Sainte-Barbe qui est en face de la tribune des Bouteville. Ce qui prouve que les seigneurs de Crémenec et du Dréortz étaient aussi bienfaiteurs de Sainte-Barbe.

(2) Ce fut en sa faveur que la terre de Goulaine fut érigée en marquisat, par lettres patentes du 19 juillet 1622.

Sa fille ainée, Yolande DE GOULAINE, épousa (contrat du 1er octobre 1647) Claude, marquis DU CHASTEL et de la Garnache et de Mesle, comte de Beauvoir-sur-Mer, vicomte de Saint-Nazaire, fils unique d'Auffroy du Chastel, seigneur de Mezle, Châteaugal, Glomel, et de Renée DE LA MARCHE. (1)

DU CHASTEL :
Fascé d'or et de gueules de six pièces. Devise : vaillance du Chastel, et mar car Doué.

De ce mariage, il n'y eut pas d'enfants.

Marie et Charlotte de Goulaine furent Ursulines à Nantes, et Anne de Goulaine épousa Sébastien DE ROSMADEC, seigneur du Plessis-Rosmadec, fils de Sébastien DE ROSMADEC, seigneur du Plessis-Rosmadec, et de dame Julienne Bonnier.

LES DU FRESNAY, BARONS DU FAOUËT. — FONDATION PAR EUX DES URSULINES DU FAOUËT. — MIRACLE DE SAINTE BARBE POUR LA BARONNE DU FAOUËT. — LA BARONNIE TRANSMISE PAR HÉRITAGE AUX D'ARGOUGES, PUIS AUX MONTREUIL.

René DU FRESNAY (2), seigneur de Coëtcodu (en Langoëlan), fils de Vincent DU FRESNAY et de Françoise DE GUENGAT, fut l'acquéreur, avant 1644, de la baronnie du Faouët, vendue par Gabriel II, marquis de Goulaine.

DU FRESNAY :
De vair plein ; aliàs : au croissant de gueules.
(Sceau 1254)

René du Fresnay avait épousé, en 1627, Hélène ALLANEAU, fille de François Allaneau, seigneur de La Gougerie, conseiller au Parlement de Rennes, et de demoiselle Guillemette Poullain.

ALLANEAU :
(Originaire d'Anjou), Sr de la Gougerie, d'Orvault de la Villeboscher.
D'azur à deux bandes d'argent.

---

(1) Il s'était marié en premières noces, le 10 octobre 1639, avec Sainte Budes ; mais son mariage avait été dissous par sentence contradictoire de l'official de Cornouailles en 1646. (Père Anselme VIII, 364, et généalogie des Budes, page 105.) (Vicomte R. de Saint-Pern.)

(2) Les du Fresnay descendaient d'Hervé de Blain qui épousa, vers 1225, Constance, dame de Pontchâteau, dont : 1º Eudes, dit du Pont, et Guillaume, sire du Fresnay, qui firent un accord avec Olivier de Clisson, leur frère utérin, en 1254 ; Jean, aliàs Robert, croisé en 1248.

1. D'où : Sébastien, qui suivra.

2. Guillaume, seigneur de Barrégan.

3. Adrien, dit le chevalier du Faouët.

4. René-Maurice, né en 1642, baptisé, au Faouët, le 16 février 1648.

5. Françoise, dame de Runello, née à Meslen, le 31 octobre 1633, baptisée, en Saint-Sauveur de Rennes, le 24 décembre 1635.

Sébastien du Fresnay, successeur de son père dans la baronnie du Faouët, conseiller du Roi (1) et commissaire au Parlement de Bretagne, épousa, le 20 octobre 1651, Anne Pétau d'Imancheville, fille de Nicolas Pétau, seigneur d'Imancheville, maître d'hôtel ordinaire du Roi, et de dame Anne Abot.

Pétau : *(Originaire d'Orléans), S^r d'Ymancheville. Ecartelé aux 1 et 4 d'azur, à trois roses d'argent; au chef d'or, chargé d'une aigle éployée issante de sable; aux 2 et 3 : d'argent à la croix pattée de gueules.*

C'est en 1658 que fut fondé, par eux, le couvent des Ursulines du Faouët, qui subsiste toujours, entouré d'un bel et vaste enclos (2). Cette pieuse et importante fondation leur est donc due.

Leurs enfants furent :

1. Nicolas-Maurice, dont l'article suit.

2. André-René, dit l'abbé du Faouët, baptisé, en Saint-Germain de Rennes, le 9 mai 1660.

3. François-Sébastien, né le 4 octobre 1662, baptisé, en Saint-Germain de Rennes, le 23 novembre 1662.

4. Marie-Laurence, baptisée, le 10 août 1665, à Saint-Germain de Rennes.

---

(1) Conseiller du Roi et commissaire au Parlement le 20 octobre 1651. (Communication de Monsieur Saulnier, conseiller à la cour d'appel de Rennes, ainsi que ce qui suit sur les deux mariages de Sébastien du Fresnay et sa postérité.)

Un du Fresnay, chevalier-banneret, figure aux Parlements-généraux des années 1451 et 1455, sous Pierre II, duc de Bretagne, avec les Bouteville et autres premiers noms du duché.

(2) On trouvera aux pièces complémentaires un extrait des annales que possèdent les dames Ursulines, relatant la fondation, et où figure la baronne du Faouët.

5. Et MARIE-RENÉE qui épousa messire François-Joseph d'Ernothon, sieur de Trévilit, conseiller et secrétaire du Roi, fils de Jean d'Ernothon, conseiller et secrétaire du Roi, et d'Anne de Kernafflen (1).

En secondes noces, Sébastien du Fresnay épousa Marie DE BRAGELONNE, fille de Claude DE BRAGELONNE, président aux enquêtes du Parlement de Paris, et de Marguerite DU DRESNAY (2).

Elle mourut à Rennes, le 16 octobre 1670, et fut inhumée aux Carmes de cette ville, le lendemain, laissant deux enfants :

JEAN-CLAUDE, baptisé au Faouët, le 16 août 1670, et MARIE-ANNE, née le 10 juin 1670.

DE BRAGELONNE : *Degueules à la fasce d'argent, chargée au cœur d'une coquille de sable, et accomp. de trois molettes d'or, (originaire de Champagne).*

En troisièmes noces, il épousa Louise DE GUER, veuve de René DE TINTÉNIAC, seigneur de Quimerch (3), qu'elle avait épousé en 1652, fille d'Olivier DE GUER, seigneur de Pontcallec, et de Jeanne de Kerméno, et sœur d'Alain de Guer, marquis de Pontcallec, seigneur de La Porte-Neuve, et qui, veuf de Françoise DE LANNION, entra dans les ordres, et devint un des premiers auxiliaires du Vénérable Père Maunoir.

DE GUER : *D'azur à sept mâcles d'or, 3, 3, 1 ; au franc-canton d'argent fretté de huit pièces de gueules. (Éteinte en 1797).*

De ce mariage, il n'y eut pas d'enfants.

NICOLAS-FRANÇOIS DU FRESNAY (4), chevalier, baron du Faouët, Meslan, Kerlain, Le Plessis, La Ville-Blanche, etc., fils de

---

(1) Anne de Kernafflen fut surnommée la mère des missionnaires. Elle vint assister à la mort du Père Maunoir, qui lui prédit qu'elle mourrait dans six mois. Il lui apparut à sa mort, rayonnant de lumière.

(2) Marguerite du Dresnay était fille de Renaud du Dresnay, seigneur du Kercourtois, et de Julienne de Coatanezre. C'est de Renaud qu'il s'agit dans le chapitre XXVI de l'histoire de la ligue en Bretagne (chanoine Moreau), intitulé : de la vaillance et de la mort du sieur de Kercourtois.

(3) Fils de Michel-Colomban de Tinténiac, seigneur de Quimerch, et d'Urbaine de Combout.

(4) *Registres de Gourin.* — Acte de mariage de François-Nicolas du Fresnay. « Après une bannye faite du futur mariage d'autre haut et puissant messire Nicolas-François du Fresnay, chevalier, seigneur marquis du Faoet et de Barégan, vicomte de Meslan, Plessix, Villeblanche et autres lieux, et damoiselle Jacquette-Marye Guégant, dame de Kbiguet, fille unique de messire Claude Guégant, chevalier,

GUÉGANT :
D'argent au chêne de sinople, au franc-canton d'argent chargé de trois fusées rangées de gueules surmontées de trois roses de même.

Sébastien du Fresnay, et de son premier mariage, épousa, le 10 mars 1681, à Gourin, damoiselle Jacquemine-Marie GUÉGANT, fille de messire Claude Guégant, chevalier, seigneur de Kerbiguet, Coëtbihan, Leinhon, Coëtlosquet et autres lieux, et de Catherine de Kerénor (1).

Cette dernière ayant épousé, en janvier 1664, le seigneur de Kerbiguet (en Gourin), on peut voir que sa fille, Jacquemine Guégant, était âgée de 18 ans, au plus, lorsqu'eut lieu pour elle un éclatant miracle, dont nous allons donner ici le procès-verbal : ceux qui visitent l'admirable chapelle de

---

seigneur de Kbiguet et autres lieux. — Ladite bannye dans les églises parochialles du Faoet et de Gourin, le dimanche deusiesme du présent mois et an, avec la dispense des deux autres obtenue de Monseigneur l'Evesque de Kpr, le premier dudit moy, de Jan-Jacques Pereault, bachellier aux drois et recteur de Carhaix, a interrogé ledit seigneur marquis du Faoet et ladite dame de Kbiguet, et de leur consentement mutuel les ai conjoint par mariage du présent, en face de nostre mère la sainte Église catholique, apostolique et romaine, en présence des soubsignants, ce dixiesme mars mil six cent quatre-vingt-un.

Jaquemine-Marie GUÉGANT.
Nicolas-François DU FRESNAY DU FAOUET.
Claude GUÉGANT.
Jacques DE MUSUILLAC.
Catherine GUÉGANT.
Julienne-Guyonne DU LOUET.
Marguerite EONNET.

Joseph-Hyacinthe DE TINTÉNIAC.
Marguerite-Brigitte DE MUSUILLAC.
François DU FRESNAY.
Charlotte-Claude LE ROUX.
Anne-Thérèse DE TINTÉNIAC.
Jeanne-Renée DE TINTÉNIAC.
Renée DE MUSUILLAC.

Jean MARITRAU,
Recteur du Faouët.
Henry PERRON,
Vicaire.

PEREAULT,
Recteur de Carhaix.
Bertrand-Joseph LE DÉSERT.
Prêtre.

(1) Claude Guégant, seigneur de Kerbiguet, en Gourin, avait épousé en premières noces, en 1656, Catherine de Cleux, fille de messire Jean de Cleux et de Charlotte de la Boëssière. Il était fils d'autre Claude Guégant, seigneur de Kerbiguet, et de Françoise de Brezal. Les Guégant, noblesse antique, ont donné leur nom à la châtellenie de Guémené-Guégant. La baronne du Faouët a été l'héritière et la dernière de cette famille éteinte dans les du Fresnay. Le château de Kerbiguet est cité dans le guide Joanne. On y voit encore les murs d'une grande salle, chargés de fresques ; dans la cour, un puits de 3 mètres de largeur, dont la margelle, faite d'une seule pierre, est ornée de sculptures. La tradition a transmis le souvenir de l'hospitalité des possesseurs de ce manoir abandonné depuis longtemps.

Un autre château, dans Gourin, aura, pour la postérité, les mêmes souvenirs, et dont les propriétaires, non moins nobles et bons, auront marché sur les traces de ceux de Kerbiguet. Tronjoly, comme Kerbiguet, a tout un passé que nous voudrions redire ici : nous ne pouvons, dans ces pages restreintes, nous attarder, mais seulement déposer notre hommage au seuil hospitalier du comte et de la comtesse de Lescouet.

Sainte-Barbe peuvent voir représenté dans un ex-voto, l'un des quatre tableaux qui s'y trouvent encore, la jeune baronne du Faouët sous les roues de son carrosse, et sa suite invoquant sainte Barbe.

« L'an mil six cents quatre vingts trois, dame Marie-
» Jacquette Guégant, épouse de haut et puissant seigneur
» messire Nicolas-François de Fresnay, chevalier, seigneur
» marquis du Faouët, se trouvait enceinte et voiant le terme
» de ses couches approcher, promit par vœu exprès de visiter
» la chapelle dévote et miraculeuse de Sainte-Barbe et d'y
» faire offrir à Dieu le divin sacrifice pour la conservation
» du fruit qu'elle portoit. La dite dame s'estant mis en chemin
» pour l'accomplissement de son vœu, accompagnée du dit
» seigneur son époux et de dame Catherine Guégant, dame
» de Musuillac (1), sa tante, tomba par un funeste accident
» hors du carrosse, par une des portières qu'on croioit fermée :
» la roüe du carrosse luy passe par dessus le corps et la rend
» dans un estat où elle fut tenue pour morte, et ayant perdu
» tout sentiment et toute connaissance. Le dit seigneur du
» Faouët et la dite dame de Musuillac, estant aux regrets et
» saisis d'une juste crainte que celle dont on demandoit à
» Dieu la conservation jusques aux pieds de ses autels ne
» fût morte et que son fruit ne fût desjà privé de la grâce du
» saint baptême, réitèrent leurs vœux et prières à nostre
» grande sainte, la priant dévotement de conserver la mère
» et l'enfant, avec promesse de reconnoistre cette faveur,
» prière qui fut bien agréable à Dieu, puisqu'à l'instant la
» dite dame dont on avoit desjà perdu toute espérance de
» vie, revenant comme d'un sommeil ou létargie, commença
» à se plaindre, revint en parfaite santé et acheva le reste de
» son voiage, louant Dieu et sa bienfaitrice sainte Barbe de
» l'avoir délivrée d'un péril si grand et si évident, et pour
» surcroist de joie et de consolation, obtint l'accomplissement

---

(1) Catherine Guégant, fille de Claude Guégant, seigneur de Kerbiguet, et de Françoise de Bresal, était femme de Jacques de Musuillac, seigneur de Pratulo (en Cléden-Poher).

» de sa demande, puisqu'elle accoucha heureusement, trois
» mois après, d'une fille, vray enfant du miracle, et qui fut
» nommée, sur les sacrés fonts de baptême, Marie-Claude de
» Fresnay, qui faict présentement la joie et la consolation de
» son illustre maison, et que l'on conserve chèrement comme
» un gage du ciel. Le dit seigneur du Faouët, pour justes
» remerciements à Dieu et reconnaissance d'une si rare
» faveur, a donné à la chapelle de Sainte-Barbe une riche
» chasuble et un ample déclaration du faict cy-dessus par
» devant messieurs les juges et notaires apostoliques de la
» juridiction du Faouët, ès présences de messieurs les recteur
» et prestres de la dite paroisse du Faouët, ce jour vingt
» septiesme de septembre 1697. »

Bertrand-Joseph LE DÉSERT, *recteur du Faouët.*

Jan TALABARDON, *prestre, curé du Faouët.*

DE FRESNAY DU FAOUËT.

J. HALBOUT, *sénéchal.*

C. LABBAT, *notaire royal et apostolique.*

J.-N. GOUY, *notaire royal apostolique* (1).

Nicolas-François du Fresnay épousa, en secondes noces, Angélique de Quengo du Pontgand, fille de Silvestre de Quengo, baron de Pontgand, et de Marie-Anne du Plessier de Genonville.

Sa seule fille et unique héritière fut cette Marie-Claude du Fresnay, née si miraculeusement, l'an 1683, et baptisée, au Faouët, le 30 juin de cette même année (2). Elle épousa, le 27 février 1702, haut et puissant seigneur, messire Gabriel-Claude DE KERGORLAY, fils aîné de feu messire Jacques-Claude de Kergorlay, marquis du Cludon, comte de Guengat, baron de Rimaison, etc., et de haute et puissante dame Jeanne-Pélagie d'Espinay.

DE KERGOR-
LAY :
(Ramage de Poher.) Baron dudit lieu, par. de Motreff. Vairé d'or et de gueules.
(Sceau 1312)

---

(1) Je dois à M. l'abbé Robin, curé-doyen du Faouët, la communication de ce procès-verbal, comme également celui de la fondation de la chapelle de Sainte-Barbe.

(2) Elle eut, pour parrain, messire Claude Guégant, chevalier, seigneur de Kerbiguet, et, pour marraine, madame Marie-Renée du Fresnay, femme de messire François-Joseph d'Ernothon, seigneur, etc. (Registres du Faouët.)

— 33 —

La marquise de Kergorlay perdit son père, vers 1716, et lui succéda dans la baronnie du Faouët. Elle mourut, sans enfants, en 1723, et l'abbé René-André du Fresnay, son oncle, fut son héritier, ainsi que le prouve l'acte suivant :

« Main-levée au profit de messire René-André, chef de
» nom et d'armes de Fresnay, seigneur abbé et baron du
» Faouët et de Barrégan, de la vicomté de Meslan, châtellenie
» de Klen, le Plessis-Orgueil, Collobert, Lescran et autres
» lieux, de la succession mobilière et immobilière de dame
» Marie-Claude de Fresnay, dame marquise de Cludon, sa
» nièce, fille et seule héritière principale et noble de feu
» messire Nicolas-François, chef de nom et d'armes de
» Fresnay, seigneur marquis du Faouët (1). »

L'abbé baron du Faouët mourut en 1740. A cette date (2), apposition des scellés, inventaire et vente de meubles, après décès, au château du Faouët, chez messire René-André du Fresnay, seigneur abbé du Faouët. Ce dernier parait avoir eu des affaires très embrouillées, car, en 1737 et 1738, une saisie judiciaire sur les terres et seigneuries du Faouët, Barrégan, Meslan et Kerlen, les fit passer à messire René-Théophile de Maupeou, marquis de Sablonnière, colonel du régiment de Bigorre et inspecteur général d'infanterie.

Mais la baronnie du Faouët retourna aux héritiers collatéraux des du Fresnay, dès 1741, d'après des aveux où nous lisons :

« Haut et puissant seigneur, messire Charles-Louis D'AR-GOUGES, chevalier, seigneur comte de Rannes, baron du Faouët et de Barrégan, vicomte de Meslan, châtelain de Kerlen, mestre de camp du régiment de Languedoc dragons, brigadier des armées du Roi, demeurant en la ville de Paris, faubourg Saint-Germain, paroisse Saint-Sulpice. » — Dans un autre acte, il est ajouté aux titres et qualités de messire Charles-Louis d'Argouges : « démissionnaire de Madame la marquise

D'ARGOUGES, *marquis de Ranes*, (au *Perche*). *Ecartelé d'or et d'azur à trois quintefeuilles de gueules brochantes.*

---

(1) Arch. départementales. Sénéchaussée d'Hennebont.
(2) *Item.*

de Rannes, sa mère, et en cette qualité héritier sous bénéfice d'inventaire de feu messire René-André de Fresnay, vivant seigneur abbé du Faouët. »

Charles-Louis d'Argouges était fils de messire Louis d'Argouges, marquis de Rannes, maréchal de camp, gouverneur pour le roi des duché, ville et château d'Alençon, mort le 15 août 1748, marié le 12 novembre 1708, à Charlotte-Catherine d'Ernothon, dame de la baronnie de Pont-L'abbé en Bretagne. Cette dernière avait pour père et mère François-Joseph d'Ernothon, conseiller du Roi au parlement de Paris, et Marie-Renée du Fresnay, sœur de Nicolas-Louis du Fresnay, et de l'abbé René-André, tous deux successivement barons du Faouët. Charles-Louis d'Argouges était donc leur petit neveu. Il fut marié, le 29 mars 1742, à Marie-Angélique-Claudine-Henriette de Bec-de-Lièvre de Cany, fille de Louis de Bec-de-Lièvre, marquis de Quevilly, Cany et Houdetot, conseiller au parlement de Normandie, et de Anne-Henriette-Catherine Toustain, sa troisième femme. Le marquis de Rannes épousa en deuxièmes noces à Paris, le 7 mai 1761, Louise-Melchiore de Carbonnières, fille de Jean-Baptiste de Carbonnières, marquis de Saint-Brice et de Françoise-Armande de Rilhac (1).

Du premier mariage naquit entre autres :

Marie-Louise-Victoire d'Argouges, de Rannes, héritière, en 1788, de la baronnie du Faouët, et mariée à haut et puissant seigneur, Charles-Claude-Ollivier, baron de Montreuil.

Ce sont mes dernières notes sur la baronnie du Faouët.

---

(1) Renseignements fournis par le vicomte R. de Saint-Pern.

PIÈCES JUSTIFICATIVES.

1. Textes de FROISSARD. (sur le Faouët et La Roche-Périou, 1342).

2. Fondation de SAINTE-BARBE DU FAOUËT. (1489.)

3. Pièce sur Yves de BOUTEVILLE. (D. Morice. 1546.)

4. Deux aveux de la BARONNIE DU FAOUËT. (1542 et 1682.)

5. Fondation des URSULINES DU FAOUËT. (1658.)

TEXTE DE FROISSART.

FAITS CONCERNANT LE FAOUËT ET LA ROCHE-PÉRIOU.

« Assès tos apriès que messires Gautiers de Mauni et auqun Englois qui désiroient les armes, se départirent de Hainbon et cevauchièrent as aventures viers Roce-Périot. Quant il furent venus jusques à là, messires Gautiers de Mauni dist : « Avant que nous chevauçons plus avant, je voel que nous allons assallir ce chastiel et veoir se nous i porions riens conquester. » Tout respondirent : « A la bonne heure ! » Il missent tantost piet à terre et aprochièrent le chastiel et commenchièrent à monter la roce et à livrer grant assaut. Pour ces jours i estoit Gérars de Malain, li esquiers de Bourgongne, qui avoit esté pris et rescous à Dignant, et avoit avecques lui des bons compagnons qui tout se missent à deffense. Li dis Gérars de Malain ne s'éspargnoit point, mais se deffendoit de grant volenté et par bonne ordennance. Englois sont chaut et boullant, et est vis as auquns que tantos il doient avoir conquesté, soit bataille ou assaut, quant il i sont venu, et là ot des lours qui s'avancièrent follement. Auquns furent bleciés, et par espécial deus bons chevaliers, dont li uns fu nommé messires *Jehans li Boutelliers* et li aultres messires *Hubiers de Frenai*, et furent tellement tapés sur lors bachines dou jet de deux pierres, que il rendoient sanch par la bouce et par les orelles, et les convint porter hors et en sus de l'assaut en une prée et désarmer, et furent si estonnet que on quidoit bien que il deuissent morir. Chils *Gérars de Malain* avoit un frère, hardit homme et conforté durement, que on nommait *Renier de Malain*, et estoit chapitainne et chastellain de un aultre petit fort séant assés priès de la Rocepériot, et le fort on claimme Fauet. Quant cils Reniers entendi que Englois et Breton livroient assaut à la *Rocepériot*, de laquelle garnison ses frères *Gérars* estoit chastellains et gardyens, il fist armer de ses compagnons jusques à quarante, et issi hors de Fauet et cevauça vers la Rocepériot en istance de ce que pour conforter son frère en auqune manière se il pooait, et sourvint à l'aventure sus ces deus chevaliers englois bleciés, liquel estoient en une prée en sus dou hustin (1) (car la noise (2) lor faisoit mal,) et ne trouvèrent dalés euls que varlès qui les gardoient. Ils veirent tantôt que il estoient de lors ennemis et que on les avoit là amenés pour euls rafresquir. Il environnèrent ces varlès et ces prisonniers et les prissent tous, et fissent les chevaliers monter sur lors chevaux et les varlès venir et siérir (3) à piet, tant que il furent eslongiet une grosse demi-lieue en sus de la Rocepériot, et puis lor donnèrent congiet. Chil varlet de piet se suirent pour tous resjois quant il se sentirent délivret, et vinrent à Finaut, devant la Roscepériot et se traissent deviers Messire *Gautier de Mauni* et les aultres, et lor dissent : « Signeur, » rescoés messire *Jehan le Bouteiller* et messire *Hubert de* » *Frenai*, que chil de la garnison de Fauet enmainnent. »

Sus ces paroles, tout laissièrent l'assaut et montèrent as cevaus et férirent à l'esperon, cascuns qui mieuls mieuls, pour raconsiérir ceuls de la garnison de Fauet, mais ils estoient jà entrés dedens, et tout mis à sauveter, prisonniers et euls, et relevet le pont et trait les barrières avant, et avoient encores eu loisir de boire un cop et de euls rafresquir avons venu messire *Gautiers de Mauni* et les Englois et les Bretons à l'esperon, et missent tantos piet à terre et approchièrent le chastiel et commencièrent assallir, com lassé que ils fuissent, et continuèrent l'assaut jusques à la nuit; car tantos fu tart. Il regardèrent quel cose il feroient; car ils n'avoient tentes, ne trefs (4) ne nulles pourvéances (5) fors bien petit. *Messires Gautiers de Mauni* dist : « Nennil; il nous

---

(1) Hustin : mêlée, bataille.
(2) Noise : tumulte.
(3) Siérir : suivre.
(4) Trefs : poutre et asesmblage de poutres.
(5) Pourvéance : prévoyance, action de se pourvoir, de prendre ses mesures.

» fault ravoir nos compagnons : aultrement nous receverions
» trop grand blâme, et ce sera tantos jours. Une nuit est
» tantos passée; il fait bel et chaut. Nostres chévaus se
» passeront bien meshui de ce que nostre varlès trouveront. »
Chils consauls fut creus, et se logièrent ces Englois et ces
Bretons à l'environ de Fauet, et lor varlet alèrent fouragier,
et se passèrent la nuit de ce que ils trouvèrent.

Gérars de Malain, qui se tenoit en Rocepériot, entendit que
li Englois et li Breton estoient devant Fauet. Si s'apensa que
il conforteroit son frère et li rémunerroit le service que fait il
avoit. Si se départi de Rocepériot et vint à Dignant. (1) D'aventure estoient là venu li sires de Chastillon, li viscontes de
Rohem, li sires d'Amboise et autres chevaliers de France,
lesquels messires Charles de Blois i avoit envoyés pour conforter la ville pour tant que il avoit entendu que li Englois
cevauçoient; et estoient bien trois cens lances et deux cens
Génevois. Li esquiers bourguignons lor recorda le fait pour
quoi il estoit là venus, et de son frère qui estoit asségiet du
chastiel de Fauet, et convenoit que il fust secourus, ou il seroit
pris, et li doi chevalier que il tenoit prisonniers, rescous. Ces
gens d'armes ne furent oncques si resjoï, à ce que ils monstrèrent, qu'ils furent, et s'ordonnèrent toute la nuit au partir au
point du jour et s'armèrent et fissent armer tous les hommes
aidables de Dignant, et furent ou gouvernement de messire
Pierre Portebuef, et puis, à l'aube du jour, ils se départirent
de Dignant, et ne pooient tos aler pour la cause de ceuls de
piet qui les siéroient. Messires *Gautiers de Mauni* et chil qui
estoient devant Fauët, furent segnefy et que François venoient
efforciement. Si n'orent pas consel del atendre, et s'en départirent et retournèrent viers Hainbon, siques, quant li
François furent jusques à la venu, il ne trouvèrent à qui

---

(1) Ce que Froissart dit ici de Dinan ne semble pouvoir s'appliquer à la ville du département des Côtes-du-Nord qui porte ce nom. Il est impossible que Gérard de Malain ait pu, dans l'espace d'une nuit, se rendre de la Roche-Périot à Dinan, qui en est à trente lieues. Peut-être s'agit-il ici de l'importante forteresse de Guémené-Guingant, qui relevait de la maison de Rohan et qui était le chef-lieu de la grande seigneurie de Guémené. (Bon de Lettenhove. Froissart. T. IV. 439.)

parler. Ensi demora pour ces jours Fauet en paix, et confortèrent li doi frère l'un l'aultre, et li doi chevalier restèrent prisonnier, dont moult en anoia à messire Gautier de Mauny, mais amender ne le pot pour l'eure. »

« Or ont de rechief li Franchois asségiet le ville et le castiel de Hainbon, et dedens la Contesse de Montfort et le seigneur de Mauni et moult de bonne chevalerie et escuierie d'Engleterre et de Bretaingne, qui souffisamment et vassaument s'i portent et deffendent le dessus ditte forterèce. La compagnie de ces seigneurs de France estoit durement mouteplyée et accroissoit tous les jours ; car grant fuisson des seigneurs de France, chevaliers et bonnes gent d'armes, revenoient de jour en jour del roy Alphons d'Espagne qui adont guèrioit au Roy de Grenade et as Sarrasins, siques quant il passoient par Poitou et il ooient nouvelles des guerres qui estoient en Bretaigne, ils s'en alloient celle part et ils estoient là bien venu. Li di messires Carles avoit fait drechier jusques à XVI grans enghiens qui jettoient grandes pierres ouniement as murs de Hainbon et en le ville, mès chil de dedens n'y acomptoient mies gramment, ains venoient tantost as murs et as cretiaux et les passoient de leurs capperons par despit, et puis crioient quanqu'il peoient, et disoient : « Allés requerre vos compaignons et raporter, qui se repose ou camp de Camperli, » desquels parolles et trufferies (1) messires Loeys d'Espaigne et li Génevois avoient grant yreur et grant despit.

« Un jour vint messires Locys d'Espaigne ens ès tentes Monseigneur Carlon de Blois, et li demanda ung don en guerredon, pour tous les services que fais il avoit. Li di Messire Carles ne savoit mies quel don il vouloit demander : Se li otria légèrement, car il l'avoit durement bien aidié et bien servi. Quant otroyés fu li dons, messires Loïs dist : « Sire, très-
» grans merchis. Je vous pri dont et requier que vous faittes
» chi venir tantost les II chevaliers qui sont en vostre prison
» ens ou castiel de Fauet, messire Jehan Le Boutillier et

---

(1) Trufferie : plaisanterie, raillerie.

» messire Hubert de Frenay, et les me délivrés pour faire ma
» vollenté. C'est li dons que je vous domande. Il m'ont cachiet,
» desconffit et navret, et ont ocis Aufour (1), mon cher nepveut,
» que je tant amoie. Si ne m'en sai autrement vengier que je
» leur feray les testes copper par devant leurs compaignons qui
» laiens (2) sont et qui m'en gallent (3) encores tous les jours. »

Et quant messires Carles de Blois eut entendu le dit Monseigneur Loeys enssi parler, si fu tout esbahis : se li dist moult courtoisement : « Certes, Sire, les prisonniers vous donray-je
» vollentiers, puisque demandés vous les avés ; mès ce seroit
» cruautés et pau d'onneur pour vous et grant blammes pour
» nous tous, si vous faisiés de II si vaillans hommes que li
» doy chevaliers sont, ce que vous avés dit, et nous seroit re-
» prouchiet à tousjours mès ; et aroient nostre ennemy bonne
» cause de faire enssi des nostres quant tenir les poroient, et
» nous ne sçavons que à avenir nous est de jour en jour :
» pourquoy chiers sires et biaux cousins, voeilliés mieuls estre
» aviset et refrennier vostre mautalent, (4) je vous en pri
» chièrement. » Lors respondi messire Loeys et dist briefment qu'il n'en seroit autrement, se tout li seigneur del monde l'en prioient : « et se vous ne me tenés convent (5) saciés que je me partiray de chy, et ne vous serviray, ne ameray jamais tant comme je vive. » Messires Carles perchupt et vei bien que c'estoit à certes : si n'osa courouchier plus avant le dit monseigneur Loeys, car voirement li avoit-il fait pluisseurs biaux services et estoit encorres bien taillies de li faire de jour en jour, car il estoit li ungs des bons chevaliers de toutte son host. Li envoya tantost certains messaiges au Castellain de Fauet, *Renier de Malain*, et li manda que il li envoyast les II chevaliers englès prisonniers en son host, liquels Castelains li envoya parmi les bonnes ensaignes qu'il eult dou dessus dit monseigneur *Carles de Bloïs*.

---

(1) Alphonse d'Espagne.
(2) Laiens : enfermés.
(3) Galer : railler, plaisanter.
(4) Mautalent : mauvaise disposition du cœur, animosité, rancune.
(5) Convent : engagement, promesse.

Or furent amenet li doy chevalier ung jour assés matin en le tente monseigneur Carlon de Blois. Quant messires Loeys d'Espaigne les sceut venus, il les alla tantost veoir ; oncques mès ne les avoient veus. Quant messires Loeys les vit, si leur dist par grant yrour. (1) « Ha ! Seigneur chevalier, vous
» m'avés bléchié del corps et osté de vie mon chier nepveultque
» je tant amoie. Si convient que vostre vie vous soit ostée ossi,
» de ce ne vous puet nuls gharandir. Se vous poés confesser, si
» il vous plest, et crier merchy à Nostre-Seigneur, car vos
» dairains jours est venus. »

Li doi chevalier furent durement esbahi de ces parolles, et dissent que il ne pooient croire que vaillans hommes, ne gens d'armes deuissent faire, ne consentir telle grant cruaulté que de mettre à mort chevaliers pris en fès d'armes pour guerres de seigneurs ; et se fait estoit, aultres gens pluisseurs, chevaliers et escuiers, le pooient bien comparer en cas semblable. Adont li seigneur de Franche, qui là estoient et qui ces parolles oies avoient, en eurent grant pitié ; mais pour pryère, ne pour pluisseurs bonnes raisons qu'il seuissent, ne peuissent faire, ne monstrer au dit Monseigneur Loeys d'Espaigne, il ne peuvent hoster, ne brisier son proupos, qu'il ne convenist que li doy chevaliers ne fuissent décollet aprièz disner, tant estoit li dis messires Loeys courouciés et aïrés sur yaux. »

Touttes les parolles, demandes et responsses qui premiers furent dittes entre monseigneur Carle et le dit monseigneur Loeys à l'oquison de ces II chevaliers, furent tantost sceues à monseigneur *Gautier de Mauni* et à monseigneur *Amauri de Clichon*, par espies qui toudis alloient couvertement l'un host en l'aultre. Ossi furent touttes ces parolles darainement dittes, quant li doy chevalier furent amenet en le tente monseigneur Carle. Et quant li doy chevalier messires Gautiers et messires Amauris oïrent ces nouvelles et entendirent que c'estoit à certes, il en eulrent grant pitié. Si appellèrent aucuns de leurs compaignons et leur remonstrèrent le mescief des II

---

(1) Yrour : dépit, colère.

chevaliers, lors amis et compaignons, pour avoir conseil qu'il en povoient faire ; puis commenchièrent à pensser li uns chà et li autres là, et n'en savoient d'aviser. Au dairain, commencha à parler li preux chevaliers messires Gautiers de Mauny, et dist : « Seigneurs compaignons, che seroit grant
» honneur pour nous, se nous povons ces deux bons chevaliers
» sauver ; et se nous nos en mettons en aventure et fallissions,
» si nous en saroit li roys d'Engleterre bon gré, et ossi
» feroient tout preud'homme qui en aroient parler, quant nous
» en avions fait nostre pooir. Si vous en diray mon avis, se
» vous avés talent de l'entreprendre ; car il me samble que on
» doit bien le corps aventurer pour sauver la vie de II vaillans
» chevaliers. J'ai aviset que nous nos yrons armer et nous
» partirons en II pars. Li une des pars ystera maintenant, ensi
» que on disnera, par ceste porte, et se iront li compaignon
» rengier sus ces fossés pour estourmir l'ost et pour
» escarmoucher. Bien croy que tout chil del host acouront
» ceste part, et vous, messire Amauris, en serés cappitainne,
» et avés avoecq vous mil bons archiers pour les sourvenans
» détryer et faire reculler. Et je prenderay CC de mes
» compaignons bien montés et VC archiers, et ysterons par
» ceste poterne d'autre part couvertement, et venrons par
» derrière férir en leurs logeis que nous trouverons vuides ;
» et se il plaist à Dieu, nous ferons tant que nous les hosterons
» de ce péril. »

Chils consseil et advis pleut à tous, si qu'il fu fais et ordonnés tantost en l'eure, et s'armèrent tout chil de Hainbon secrètement.

Droitement sus l'eure dou disner yssi messires Amauris de Clichon à V^c hommes d'armes et à mil archiers par le porte qui le plus proçainne estoit del ost, et se rengièrent et ordonnèrent sur les fossés ; et quant cil del host les virent, si crièrent partout : « As armes » et s'armèrent vistement et partirent de leurs logeis et vinrent escarmouchier à yaux, et li archier commenchièrent à traire et à ensonnyer (1) les

---

(1) Ensonnier : donner de l'embarras, molester.

Franchois. Endementroes (1) messires Gautiers de Mauny, messires Frankes de Halle, messires Henris de Pennefort, messires Guillaumes de Quadudal, messires Joffrois de Malatrait et bien CC compaignons et tous d'eslite et V^e archiers montés à cheval, se partirent de Hainbon par une posterne qui ouvre sur le mer, et chevaucièrent en sus de le ville et entours l'ost, et s'en vinrent férir ens ès logeis par derrière et n'y trouvèrent adont que varlès et gharçons, car tout li seigneur estoient à l'escarmuche, et avoient li Englès espies et meneurs qui menèrent tantost et de fet monseigneur Gautier et se routte droitement en le tente là où li doy chevalier prisonnier estoient en grant soussi, liquel furent errant délivret de chiaux qui les gardoient, dont li plus furent mort et navret et mis en cache, et furent tantost montés sour II coursiers et ramenet en le ville de Hainbon par force d'armes. Che service leur fist messires Gautiers de Mauny, dont il acquist grant grasce, et moult en fu messires Loeys d'Espaigne courouchiés mès oublyer li convint : Si en fut-il depuis moult mérancolieux par tant qu'il avoit eu en tel mannière perdu les deux chevaliers, dont il volloit faire sa venganche. »

Une autre rédaction (la troisième), ajoute les faits suivants : « Encore se combatoient li Englès et li Breton qui estoient devant les barrières et ensonnioient, de fait avisé, chiaus del host, tant que li doy chevalier fuissent rescous, qui jà l'estoient, et en vinrent les nouvelles as signeurs de France qui se tenoient al escarmuce, et leur fut dit : « Signeur, signeur, vous gardés mal vos prisonniers ; jà les ont rescous cil de Hembon et remis dedens leur forterèce. » Quant messires Locis d'Espagne, qui là estoit à l'assaut, entendi chou, si fut durement courouciés, et se tint ensi que pour tous déceus, et demanda quel part li Englois et li Breton estoient,

---

(1) Endementroes : cependant, sur ces entrefaites.

qui rescous les avoient. On li respondi qu'il estoient jà ou presque retrait en leur garnison. Dont se retrest messires Loeis d'Espagne vers les logeis, tous mautalentis, et laissa la bataille, sicom par ennuy. Ossi se commencièrent à retraire toutes aultres manières de gens. En che retret furent pris doi chevalier breton de le partie la Contesse, qui trop s'avancièrent : che furent li sires de Landreniaus et li Chastellains de Ginghant, dont messires Charles de Blois eut grant joie. Depuis que cil de Hembon furent retrait, et cil del host ossi, menèrent li Englès grant joie et grant reviel de leurs II chevaliers qu'il ravoient rescous, et en loèrent grandement monseigneur Gautier de Mauni, et disont bien que par son sens et se hardie entrepresure il avoient esté rescous. Ensi se portèrent-il d'une part et d'aultre. Celle meisme nuit furent en le tente monseigneur Charle de Blois, et li firent féaulté et hommage, et relenquirent la Contesse, qui maint bien lor avoit fait et pluiseurs dons donnés : de quoi on parla moult et murmura sus leur afaire dedens le ville de Hembon. »

Fondation de Sainte-Barbe du Faouët.

6 juillet 1489.

Sachent tous qu'en notre court de Gourin en droit, furent présents devant nous personnellement establis, nobles hommes *Jehan de Bouteville*, seigneur du Faouët et de Barrégan, vicomte de Quoatquenan, d'une partie, et *Jehan de Toulbodou*, d'autre partie, lequel seigneur pour la singulière devocion que celui Jehan disait avoir de faire et édifier une chapelle en l'honneur de Dieu et de Madame Sainte Barbe, en un lieu et place de la terre-domaine dudit seigneur scis en une montagne nommée *Roc'han march Bran*, en la paroesse du Faouët, a donné et par ces présentes donne de sa dite terre-domaine au dit lieu la longueur de ving cinq piez et de laize saëze piez, pour fonder et édiffier la dite chapelle en l'honneur de Dieu et de ma dite dame Sainte Barbe, pourvu que les sindiques, trésoriers et procureurs d'icelle chapelle, au temps dès à présent et à venir, seront présentés par ledit seigneur et ses hoirs comme fondeur d'icelle, et les paroessiens de la dite paroesse, lesquels paroessiens, sindiques ou trésoriers, chacun pour son respect auront le gouvernement et l'administration des biens qui adviendront à la dite chapelle, et recevront les oblacions qui a icelle seront données et aulmosnées au temps à venir, pour convertir les deux tierces parties d'icelles oblations à l'édifice, entretenement et gouvernement de la dite chapelle, et l'autre tierce partie bailler au dit recteur de la paroesse qui a présent est et à ses successeurs, si prendre la veulent, et sur la joessance d'icelle placé le dit Seigneur doit et approuve faire d'en garantage au dit de Toulbodou acceptant pour et au nom de ma dite dame Sainte-Barbe, et quant à ce et le contenu en cestes, tenir sans en contrevenir le dit Seigneur s'est obligé et s'oblige sur l'obligation de tous ses biens et par son serment, et de son assentiment et requeste y fut par nous condempné et le condempnons.

« Donné temoing de ce, ces lettres scellées de sceau establi aux contrats de notre dite court, à la charge des tabellions d'icelle, et ce fut fait et gré en la maison du dit Seigneur, en son manoir du Sainct, et escript par Guillaume de Toulbodou, le 6ᵉ jour de juillet l'an mil IIIJ cent IIIIXX et neuf : »

JEHAN DE BOUTEVILLE,

Du Bot passe et de Toulbodou passe (1).

---

(1) Ne point s'imaginer que c'étaient des notaires qui signaient *passe*, au bas des actes, alors. « Ce qu'il y a de constant, dit Dom Morice (Pr. I) c'est que depuis la fin des Croisades jusqu'au XVIᵉ siècle, les actes sont ordinairement dressés par des gentilshommes qui prennent la qualité de passe. »

Alain de Liscouët établi capitaine de plusieurs paroisses (1546).

Dom Morice (Pr. III, 1056.)

Nous *Yves de Boutteville*, sieur du Faouët, de Barrégan, de Kerjéhan, du Sainct, vicomte de Coëtquenan, commissaire des gentilshommes et des francs Archers et autres subjects aux ban et arrière ban de l'evesché de Cornouaille en ce pays et duché de Bretaigne, pour le Roi et Monseigneur le Dauphin duc de ce dit pays, et de hault et puissant seigneur *Jehan de Bretaigne*, duc d'Estampes, comte de Penthièvre, chevalier de l'Ordre, gouverneur et lieutenant général des d. seigneurs en ce dit pays et duché, à tous ceux que ces présentes verront, salut. Sçavoir faisons comme pour résister à l'entreprise des ennemis qui s'efforcent de jour en aultre faire descente en ce dit pays pour l'endommager et courir sus aux sujets d'icelui, cejourd'hui au moyen de nostre dite commission, pouvoir et estat tenant les monstres générales desdits gentilshommes en la ville de Locrenan oudit evesché, jour et lieu député et ordonné par les dits seigneurs à ce faire, à l'appel fait de noble et puissant *Allain, sieur de Liscoët, de Rosserff, de Kergoet et de Planches*, homme d'armes oudit evesché de Cornouaille, présent équippé, armé à cinq chevaux, fournissant aux injonctions et ordonnances par cy devant lui faites, toutes fois disant n'entendre comparoir que pour s'excuser, libérer et affranchir pour ses raisons que cy-après; néanmoins pour l'entière confiance de sa personne, sens, noblesse, expérience, prudhommie et bonne diligence, par l'avis et délibération de noble et puissant *Allain de Rosmadec*, sieur de Moullac, du Tyvarlen, de Rosmadec et de Trégoet, capitaine des dits gentilshommes, ensemble l'avis des officiers des dits seigneurs et autres gentilshommes assistans prins, avons commis et ordonné, commettons et ordonnons ledit sieur de Liscoet en la charge et estat de capitaine des paroisses de Ploecastel, de Doullas, de Davignon, de Jouillac et de Logonna, pour la garde et tuition des ports, havres, descentes et coste marine, et entour les dites paroisses, comme par cy-devant et de tout temps ont esté en sa charge et gardées par lui et ses prédécesseurs sieurs des dits lieux, et ce nonobstant ses récusations fondées sur ce qu'il a esté appellé et comparu aux monstres du pays de Maine à cause de sa terre de Planches etc. Ce 15ᵉ jour de mai l'an 1546.

Signé : YVES DE BOUTEVILLE; en plus, par commandement de Monseigneur, *de Kernezael.*

LE FAOUET. — 1ᵉʳ Aveu.

1542, LE 4 JUIN.

C'est la déclaration, mynu et desnumbrement des terres, rantes et héritaiges, fiez, seigneuries et droits héritiers que tient et possède noble et puissant Yvon DE BOUTTEVILLE, seigneur du Faouët, Barrégan, Kerjehan, et vicomte de Quoetquennan, en prochaine seigneurie de ligencze, foy, hommage a debvoir de rachapt, sous le Duc nostre souverain seigneur, à cause de sa cour, barre et juridicion de Gourreyn, escheuz et advenuz au dit seigneur du Faouët et par cause de la succession et debcoix de feu *Loys de Boutteville* son père, en son temps seigneur des dits lieux, debcédé envyron *trois* ans; et pour les dits déclaration et mynu estre baillés et présantés en la Chambre des comptes du dit seigneur à Nantes, davant et à Messieurs les auditeurs des comptes de lad. chambre, ad ce comys par mandement de nostre dit seigneur.

Et premyer.

Le manoir et lieu noble du Fauoct, sittué près et joignant la ville et bourg du Faouet, tant en maison, jardrins, portes, courtilz, douffves, et démonstrances de chasteau y avoir esté aultreffoys, contenant soubz icelle de terre environ troys journaulx de terre.

Item une piecze de terre, nommée *Parc-en-jardrin*, sittuée près led[t] manoir (loué) six solz, touchant au boys dudit lieu du Fauoet et le grand chemin qui mène dud Fauoet à Guémené.

Item ung pré que tient ledit seigneur du Fauoet, nommé *Prat Masselet*, aultrement *Ar Guern Flour*.

Item en la d. ville et bourg du Fauoet le marchoix (1) et emplacement des ouères et marchés aud. bourg, o les parzs et yssues et appartenances du d. bourg appartenant aud. seigneur, contenant envyron quatre journaulx.

Auquel lieu du Fauoet le d. seigneur et ses prédécesseurs sont en possession immémorial d'avoir chacun an neuff foires, et marchés chacun jour de mercredi, il y a debvoir de coustume sur les marchandises qui y estallent et vendent, quelles coustumes se baillent chacun an à ferme, environ 151 livres.

Item une maison en laquelle est sittué le four de la d. ville du Fauoet, baillé chacun an à ferme, 6 livres.

Item une maison appartenant au dit seigneur en fond, en la d. ville, de laquelle jouist Marye Le Croissent, pour prier Dieu pour le d. seigneur.

Item le boys de haulte fustaye et bois de planczon, joignant et dépandant le d. manoir et lieu du Fauoet, nommé *Coet-an Faouet*, en parties clos et en parties frost, contenant de terre, soubz le dit boys, envyron vignt et cinq journeaulz de terre.

Ensuyvent les rantes et censives deubz aud. seigneur du Fauoet dessus les maisons et jardrins du dit lieu du Fauoet, chacun an, à chacun moys et terme de janvier.

---

(1) Le marchoix, c'est-à-dire *Halles du Faouët*, remarquables et curieuses : les ouvrages modernes sur la Bretagne, en reproduisent le dessin. (Voyez Vieille France, Bretagne, par Robida.)

Note. — Ici viennent les noms de 58 personnes particulières payant de 3 à 20 sous chacune, et que j'omets.

Ensuyvent les héritages, convenantz et rantes deubs au d. seigneur sur les champs en la parroesse du Fauoet.

(Ici, liste des tenues ou maisons situées aux villages de Penfel, Porzanhay, Menezmeur, Boternarec, Restanbleiz, Helles, Keramenez, Keranroy, Leynlostan, Keriellou, Restalgou, Coskéric, Kerfoch, Botlogot, Craffic, Kerauffrédic, Scancantesson et de Kermenez.)

Le manoir de Barrégan.

Une montaigne et piecze de terre froste, nommé *Menez-en-hault*, en laquelle est construicte la chappelle Madame Saincte Barbe et aultres maisons pour la servitude de la d. chappelle, contenant tant soubz boys, taylliz, que terres froides environ trante journaulx.

Item une montaigne et piecze de terre, nommé *Menez-Lesneven*, en partie sous pré et terre chaulde, en aultre partie sous terre froide, contenant envyron quinze journeaulz.

Item deux tenues au manoir de Barrégan, que tiennent...

Item une piecze de terre sous boys taillz et revenant, nommé *Coet-Pancoet*, contenant environ quatre journaulx de terre.

Le moulin de Barrégan, o son byé et destroict, quel communes années est acoustumé d'estre affermé quarante renn de seigle.

Le moulin Blanc dud. lieu du Fauoet, o son destroict, quel est acoustumé d'estre en ferme par communes années vingt et cinq renn de froment.

Le moulin neuff, o son destroict et byé, quel est acoutusmé par communes années estre en ferme, vignt cinq renn de seigle.

Moulin à tan appartenant aud. seigneur, affermé par communes années, 'o son destroict et byé, cinquante-cinq soulz. — Les dits moulins et chacun situez près la ville de Fauoet sur la ripvière d'Élé.

(Puis, liste de nombreuses pièces de terre affermées à divers particuliers ou payant des rentes.)

Le Saint.

Le manoir et lieu noble du Sainct, tant maisons, estables, portes, courtilz, jardrins, vergiers, sittués près le bourg treffvial du Sainct, contenant environ six journaulx.

Item ugn petit estang, o sa chauchée, situé aud. manoir, contenant de terre soulz l'eau demy journeau.

Item le bois de haulte fustaye, situé oud. manoir du Sainct, soubz lequel boys y a envyron cent journaulx de terre.

Item le manoir et lieu noble que tiennent Nycolas Le Gall et Marguerite Douerze.

(Ici vient l'énumération des pièces de terre et tenues situées au Saint, et aux villages de Trénarnon, Sourdu, Kernerzou, Kerven, Kerdaniel, Quenquis-Glouez, Cromennou, Coetmet, Tremenez, Kerymouton, Sourboutic, Ros-ar-Neleguec, Penfau, Keranblouch, Tromenen, Guéranbigot, Tuaonan, Run-an-Groach, Kernytault, Kerozerch, Bothéri, Kerfau, Lansainet, Keranmoel, Cran.)

En Gourin.

(Pencoet, Kermap-an-Gall, Keramnel, Kergustion, le moulin Madame, Keranroux, Roscoet, Guergoasic, Keransquer, Guern-an-Groez, Bois-d'Effroy, Doufos, Cleuz-Derff, Kergaradec, Keraucan.)

(Guernongar, Saint-Stéphand, Saint-Bredan, Kerazren, Kerlémèn, Cozeleuz, Keran-Escob, Kerander, Lynysion, Collober, Stang-Jehan, Kergadou, Mousternoerze, Parc-Salic, Kerguezne, Loriou, Locbazaill.)

Ensuylt les seigneuries de ligence et ramaige et chieff-rantes que le dit seigneur du Fauoet tient en la d. juridiction à cause de ses seigneuries du Fauoet, Barrégan et aultres ses seigneuries.

(Puis vient une liste de 51 pages indiquant très minutieusement les rentes et les terres dépendant de la seigneurie au Faouët, Le Saint, Gourin, Guiscriff, Langonnet.)

(Les *manoirs* mentionnés dans cette liste sont ceux de Botgnès ? La Haye en Langonnet, Kmartret, Kstang, Kbleyec, Cozcastel, et quelques autres, dont les noms sont confondus avec ceux des simples tenues... Il faut remarquer que les noms des villages sont souvent orthographiés d'une manière différente de celle d'aujourd'hui ; ce qui rend leur assimilation parfois difficile.)

Faict et gréé ou manoir du Sainct, situé en la treffve du Sainct, en l'evesché de Cornouaille, le quart jour de juign, l'an mill cinq centz quarante deux.

Signé : L. MOEL, passe. — Le Trancher.

(Arch. Nantes. — Liasse du Faouët. — Parchemin, 48 feuillets = 96 pages).

(Extrait fait sur l'original à Nantes, par M. l'abbé Le Mené, doyen du chapitre de Vannes ; il en de même de l'aveu suivant.

Aveu du 1ᵉʳ août 1682.

Déclaration et dénumbrement des maisons, terres et hérittages, rentes et fieffs et seigneuries, que messire Nicolas-

François DU FRESNAY, chevallier, seigneur baron du Faouet et de Barégan, hérittier benefficier de deffunct *messire Sébastien du Fresnay* son père, en son vivant conseiller du Roy en son Parlement de Bretagne et seigneur des ditz lieux, demeurant en son chatteau en la ville et paroisse du Fauoet, ensemble des droits honorifiques, prééminences, prérogatives, tumbes, enfeus, seintures, escussons, fiefs et jurisdiction, et autres privilèges et droits seigneuriaux, tient et possède du Roy, nostre souverain sire et seigneur, prochement et noblement, sous son domaine et recepte de la jurisdiction royalle de Gourin, à devoir de foy, hommage, chambelenage et rachat, laquelle déclaration et minut le dit seigneur du Faouet fournit et présente à sa dite Majesté par devant Messieurs les commissaires du Roy, pour satisfaire aux ordonnances de sa Majesté.

Et premier.

Le chatteau scittué près et joignant la ville du Faouet, tant en maisons, cour et jardins, contenant sous fond environ un journal de terre.

Item (en) la dite ville du Fauoet le marché et aplassement des foires et marchés en lad. ville, appartenant aud. seigneur en fieff ou en domaine, contenant environ quatre journaux.

Auquel lieu du Fauoet led. seigneur et ses prédécesseurs sont en possession immémorial d'avoir chacun an quatorze foires, et marchés chacun jour de mercredy, et y a devoir de coustume sur les marchandises qui s'y estallent et vendent.
— Lesquelles coustumes se baillent chacun an à ferme muablement, pour le prix communément de 764 livres.

Lesquelles coustumes se lèvent au dit marché, lequel appartient en fond aud. seigneur, avec les maisons, estaux et prisons y estant.

Item une maison en laquelle est scittué le four à ban de lad. ville du Fauoet, affermée 400 livres.

(Puis vient l'énumération des bois, moulins, terres, et villages dépendant de la seigneurie : L'original y consacre 204 pages in-folio. — Vient ensuite l'article des prééminences, comme il suit :)

Prééminences. — « Plus le dit seigneur déclarant est fondateur et prééminencier de l'église parochial du Fauoet, y a ses armes en supériorité dans toutes les vitres, mazier et chansots de la dite église, avec ceinture et lizière à l'entour, tant dehors que dedans de la dite église ;

Item une tumbe enlevé au millieu de lad. église, armoyé des armes de sa dite seigneurie, où sont ordinairement enterrés les dits seigneurs du Fauoet ;

Item un banc et accoudoué du costé de l'Evangille, armoyé des escussons et armes du dit seigneur, au cœur de la dite église, près et joignant le mestre autel, avec un autre du costé de l'Epitre ; avec une tumbe de pierre joignant le banc des prestres, du costé de l'Évangille ;

Item ledit seigneur déclarant possède, en fond propre et privé nom, et prohitivement à tous autres, en lad. église une chapelle appelée la chapelle de Saint-Jan, avec une tumbe enlevé en bosse et gravé des personnages, escussons et armes de sad. seigneurie, près et joignant le banc des prestres du costé de l'Epitre et joignant l'hostel de lad. chapelle ; avec un banc et accoudoué entien de lad. seigneurie entre l'hostel de Saint Pierre et pilliers joignant lad. tumbe, la dite chapelle autrefois cloze par treillis.

Item led. seigneur déclarant est fondateur des dames religieuses et dévottes Urselines de lad. ville de Fauoet.

Item led. seigneur déclarant est fondateur et seigneur foncier de la chapelle de Sainte-Barbe, en lad. paroisse du Fauoet, y a ses armes et escussons dans touttes les vitres, murailles et chansots de lad. chapelle, dont les fabriques et marguilliers doivent tenir compte aud. seigneur déclarant de leur administration dans la d. chapelle, même à la charge de luy payer par chacun an et 1ᵉʳ jour de septembre cinq sols de chef-rente.

Item led. seigneur déclarant est seigneur fonctier de la chapelle de Saint-Fiacre, en la d. paroisse du Fauoet, y a ses armes, escussons et autres intersignes de noblesse dans touttes les vitres et autres endroitz de lad. chapelle.

Item led. seigneur est préminencier et supérieur de la chapelle de Saint-Sébastien, prédite paroisse du Fauoet, où il a dans les vitres ses armes en supériorité.

Item led. seigneur est préminencier et supérieur dans la chapelle de Saint-Adrien en lad. paroisse, y a ses armes dans les vitres et a pareillement en supériorité les d. armes dans la chapelle de Saint-Jan, paroisse dud. Fauoet.

Item led. seigneur déclarant est préminencier de la chapelle de Saint-Gurlois, vulgairement nommé Saint-Urlou, en la treffve de Lennevigen, paroisse de Guiscriff.

Et généralement les rentes, cheffrentes, fieffs, préminences, seigneuries, cour et jurisdiction haute moyenne et basse, première mené en la jurisdiction royale de Gourin, laquelle jurisdiction led. seigneur du Fauoet ses prédécesseurs sont en possession immémorial de faire tenir et exercer par séneschal, baillif et lieutenant, procureurs, greffier, notaires tabellions, sergents et autres officiers, qu'il establit en lad. ville du Fauoet;

Possède led. seigneur déclarant la terre et seigneurie du Fauoet et de Barégan en titre héréditaire de banneraye et baronnie d'entienne érection, avec droit de jouir et posséder les mêmes droicts, privilèges et noblesse, dont jouissent et que possèdent les entiennes baronnies de ce duché et païs de Bretagne, et de se qualiffier et se faire appeller dud. titre et nom de Baron dans les grands jours des Estats et du parlement de ce païs; avec gibet et justice patibullaire à quatre pôts de pierre, et pouvoir faire punir ses hommes et autres délinquans dans toute l'estendue de sad. jurisdiction du Fauoet et de Barégan.

Item déclare led. seigneur avoir de tout temps fieff sur ses hommes et vassaux, avec droit de les contraindre par sad. cour, pour en toucher les esmolluments qui sont deuës; et avoir droit des pavé à présent affermé;

Item led. seigneur déclarant est en possession immémorial du droit d'aprécy et mesure réglé de lad. terre et seigneurie du Fauoet et de Barégan, pour servir tant à ses vassaux qu'autres, aux marchés et foires du d. Fauoet.

Lesquels héritages sont escheus aud. seigneur déclarant de la succession de ses autheurs, suivant les actes et pièces cotées en son induction; laquelle présente déclaration led. seigneur déclarant, présent devant nous notaires royaux à Gourin, affirme véritable à sa connaissance.

Fait et passé à Gourin en nostre tablier, sous le signe du dit seigneur et les nostres, ce jour *premier aoust*, avant midy, *mil six cent quatre vingt deux.* »

Signé : Nicolas L. du Fresnay du Fauouet.

Le Louarn, not. royal. — Y. Le Guern, not. royal.

(Arch. Chambre des Comptes. — Papier in-folio.)

Fondation des Ursulines du Faouët.

1658 (1).

(Extrait des Chroniques de l'ordre des Ursulines recueillies pour l'usage des Religieuses du mesme ordre, par M. D. P. V. Première partie. MDCLXXIII.)

L'an 1658. Faouet.

Cette année, Monsieur de Coetcodu, baron du Faouet (2), conseiller au Parlement de Rennes, fonda un monastère

---

(1) Je dois cette communication à la complaisance de Mme la Supérieure des Dames Ursulines du Faouët.

(2) Sébastien du Fresnay.

d'Ursulines en la mesme ville du Faouët, diocèse de Cornouailles. Il obtint à ce sujet quatre professes de Rennes, qui amenèrent cinq postulantes et entrèrent dans la ville le troisième de mars, y estans reçuës par le Recteur de la paroisse, de la part de Mgr l'Évesque, qui estoit lors malade. Monsieur de Coetcodu, père du Fondateur, leur fit compliment au nom de la Noblesse, la Justice y estoit en corps, et tous les Ecclésiastiques en surplis. Les civilitez faites de part et d'autre, on conduisit processionnellement les Religieuses en chantant le *Veni Creator* jusques dans l'église, où après le *Te Deum*, le Recteur fit une très belle exhortation, puis la Fondatrice et d'autres Dames les menèrent au logis qui leur estoit préparé, en attendant que leur maison de closture fust meublée et appropriée, ce qui se fit en peu de semaines : de sorte que le second dimanche d'après Pasques, quatre paroisses des lieux circonvoisins, et dépendantes au temporel du seigneur Fondateur, accompagnèrent les Religieuses à l'église de la ville, et de là en leur maison avec beaucoup de solennité : on portait le Saint-Sacrement qui fut posé dans la nouvelle chapelle des Ursulines, où l'on célébra ensuite la sainte Messe ; puis Monsieur le Fondateur, qui les avoit nourries et défrayées depuis leur sortie de Rennes jusqu'à ce jour, donna à disner aux Gentils-hommes et aux Ecclésiastiques, pendant que Madame la Fondatrice traita les Religieuses et disna avec elles. L'assistance qu'elles ont reçue de toute cette noble famille est très considérable, et tout l'ordre de Sainte Ursule en doit avoir de la reconnaissance.

www.ingramcontent.com/pod-product-compliance
Lightning Source LLC
LaVergne TN
LVHW021734080426
835510LV00010B/1259